평생 돈운이
좋아지는
4주의 기적

부르지 않아도 돈이 찾아오는 운의 비밀

평생 돈운이 좋아지는 4주의 기적

초판 1쇄 발행 2019년 6월 19일
초판 4쇄 발행 2019년 6월 26일

지은이 Baro 황수현

발행인 백유미 조영석
발행처 (주)라온아시아
주소 서울특별시 서초구 효령로 34길 4, 프린스효령빌딩 5F

등록 2016년 7월 5일 제 2016-000141호
전화 070-7600-8230 **팩스** 070-4754-2473

값 14,500원
ISBN 979-11-89089-97-9 (13190)

라온북은 독자 여러분의 소중한 원고를 기다리고 있습니다. (raonbook@raonasia.co.kr)

평생 돈운이 좋아지는 4주의 기적

錢운運

부르지 않아도 돈이 찾아오는 운의 비밀

| Baro 황수현 지음 |

RAON
BOOK

진정 내가 원하는
삶은 무엇인가

지금은 명상가의 삶을 살고 있지만, 예전에 나는 명상가이면서 사업가였다. 20대부터 사업을 시작했는데 불교 쪽 이벤트 회사를 운영하면서 〈반야심경〉을 새긴 시계를 디자인해 큰돈을 벌었다. 또한 정신세계에 항상 주파수를 맞추고 있다 보니 그쪽 관련 사업도 했다. 기(氣)가 나오는 옷, 색채의학에 맞춰 에너지를 주는 옷 등의 생활한복을 만들어 대리점을 30개나 늘리기도 했다. 그래서 20대의 성공한 사업가로 주목받아 정부 강연도 가고 신문, 잡지 인터뷰를 하며 바쁜 나날을 보냈다.

그런데 어느 날 문득 '이것이 진정 내가 원하는 삶인가' 하는 생각이 들어 마음이 어지러웠다. 그 길로 모든 걸 내려놓고 인도로 떠나 1년간 인도 전역을 돌아다녔다. 이후 다시 한국에 돌아와 1년 중 6개월은 마음공부를 위해 전 세계를 돌아다녔고, 나머지 6개월은 사업을 하며 지냈다. 마음의 진리를 찾아 공부하러 다니는 것을 좋아해 마음공부를 할 수 있는 곳이라면 인도, 미국, 뉴질랜드 등 어디든 찾아다녔다. 그만큼 나는 진리에 대한 갈망이 컸다.

그러던 어느 날 2010년 인도의 한 명상센터에서 한국 사람들을 많이 만났는데, 사람들은 명상을 하는 내가 돈을 잘 번다는 사실이 놀라웠는지 '돈 버는 비법'을 알려달라며 강의를 요청해왔다.

물론 강연을 듣는 것만으로도 그 사람 안에서 울림이 일어난다. 그렇지만 그 사람이 목적한 방향으로 행동하게 만드는 뇌의 작용이 일어나지 않으면 일시적인 임팩트로 끝나버리고 만다. 간혹 아주 드물게 강연에서의 진동을 강력하게 기억했다가 '이렇게 살아야지' 하고 길을 찾아가 성공하는 사람이 있긴 하다.

사람들이 강의를 듣거나 코스에 참여하거나 명상하는 곳을 찾아다니는 이유는 자신의 삶을 바꾸고 싶어서다. 삶을 변화시킬 수 있는 작은 씨앗을 얻어 지금보다 편안하고 만족스러운 인생을 살고 싶기 때문이다.

나 또한 명상하는 시간이며 기도하는 시간이며, 마음공부에 좋다고 소문난 것은 다 찾아다니며 세월을 보냈던 사람이다. 그런 과정을 거치면서 내 마음의 방향성과 문제점이 무엇인지 내 안의 것을 들여다보고 정돈했을 때 그 효과가 얼마나 대단한지 경험했다.

18년 전 미국에서, 마음을 다루는 유명한 프로그램에 참가했을 때 '이렇게 간단하게 신념이 정리될 수 있는 방법이 있는데, 너무 오랫동안 생고생을 한 거 아닌가' 하는 생각이 들어 무척 놀랐던 경험이 있다.

사실 강연 한두 번으로 삶이 바뀌기는 참으로 어렵다. 그러나 자신의 시간과 비용을 지불하고 프로그램에 참여했다면 '나는 변화할 준비가 되었다'는 것을 의미한다. 생각만으로는 삶의 변형이 일어나기 어려우므로 삶을 변화시키는 '액션'을 체험한다면 강력한 효과를 있을 것이라는 확신이 들었다.

그래서 나는 그 당시 인도에서 요청받은 강연을 내면의 변화를 통해 삶을 바꾸는 코스로 만들겠다고 결정하면서 '액션'으로 연결되는 프로그램의 연구 개발에 전념했다. 수개월간 몰두한 끝에 '머니 마인드 코스'라는 프로그램을 개발했다. 그리고 이를 실행했더니 사람들 안에서 변화가 일어났다. 십수 년간 명상을 하면서 길을 찾아 헤맸는데, 액션으로 이어지는 방법을 실행하니 훨씬 더 빠르고 깊은 변화가 나타난 것이다.

처음에는 여러 사람들의 요청에 의해 한 번만 진행하려고 했는데 참여했던 사람들의 삶이 바뀌어가는 모습을 보면서 가슴이 뜨거워지고 환희가 차올랐다. 그것은 사업으로 돈을 벌면서 느끼는 기쁨과는 비교할 수 없는 것이었다.

프로그램에 참여했던 많은 사람들이 자신의 삶의 카테고리가 바뀌었다는 피드백을 정말 많이 해왔다. 어떤 사람은 성사될 듯 하면서도 잘 되지 않았던 계약들이 수월해지기 시작했고, 수입이 늘어

나는 사람들도 많았다. 평범한 회사원이 신념 체계의 변화로 아파트와 오피스텔을 장만했고, 월급 한의사가 한의원을 개업해 상당한 수입을 올렸다. 자신이 정말 원하는 것을 들여다보고 몸 안에 응축돼 있던 부정적 에너지가 풀리면서 심지어 외모가 달라지는 사람도 있었다.

이런 일은 모두, 돈에 대해서 부정적 신념을 품고 있는 자신을 알아차리고, 당당하게 자신이 원하는 것을 선택한 결과다. 자신의 돈에 대해서 기획하고 실행하는 것에 대해 당당해지고 자유로워진 것이다. 당당해지면 번 돈을 쓰는 것에서도 자유로워진다. 그리고 또 다른 돈을 위해서 계속해서 노력하고 시스템을 만들어야 된다는 것도 알게 된다.

나는 사람들에게 "당신이 진정 원하는 것이 무엇인가?"라고 묻다가 '내가 진정 원하는 삶은 무엇인지'를 떠올리게 되었다. 결국 나는 사업을 접고 부모와의 관계, 이성, 물질(돈), 원하는 삶의 목표, 진로, 자신의 몸과 감정 등을 다루는 '골든키 마인드센터'를 시작했다. 이 책은 그중에서 물질(돈)을 다루는 프로그램을 재구성한 것이다.

맨 처음 프로그램을 진행했던 해로부터 벌써 10년의 세월이 흘렀다. 어떤 사람들은 명상하는 사람이 무슨 돈을 다루냐고 말하기도 한다. 그런데 인도의 명상센터에 가보면 그곳이야말로 돈이 가장 필요한 곳임을 알게 된다. 돈과 멀어지려고 모든 것을 버리고 갔던 그곳이 가장 돈이 필요한 곳임을 깨닫는 아이러니는 무엇일까?

돈은 그저 우리 삶이 흘러가는 방향을 투영하는 매개체일 뿐이다. 당신이 품고 있는 돈에 대한 부정적 감정은 돈의 잘못이 아니다.

나 또한 돈에 얽힌 많은 경험을 해보았고, 돈에 맺힌 감정이 많았다(이 책에서는 이것을 돈에 대한 '원한'이라고 부른다). 이런 마이너스 감정들은 우리의 삶이 원하는 방향으로 흘러가는 것을 방해한다. 나의 의지와는 상관없이 말이다. 그런데 대부분의 사람들은 이런 상태를 자각하지 못한다. 왜냐하면 그것을 어디에서도 배워본 적이 없고 가르쳐주는 사람도 없기 때문이다.

이 책에서는 돈을 둘러싸고 얽혀 있는 여러 감정들을 다룰 것이다. 내가 무엇을 원하는지 깨닫고 그 방향으로 삶을 이끌어가기 위해 돈이 얼마나 필요한지, 또 그 돈을 벌기 위해 내가 무엇을 해야 할지 생각해보고 삶을 설계하는 데 도움이 될 것이다.

다만 반드시 주의를 기울여야 할 점이 있다. 이 책에 나오는 'Key Action' 표시가 있는 내용은 반드시 직접 실행해보아야 한다. 우리는 생각을 통해서 인식할 수는 있지만 인식한다고 상황이 바뀌진 않는다. 그런데 입으로 내뱉고 몸으로 체험하면 마이너스 에너지가 그 사람에게서 뚝 떨어져나간다. 그리고 "나는 편안한 돈을 갖는다"라고 선언하면 뇌의 에너지는 나의 선언을 따라서 움직인다.

다시 한 번 말하지만 Key Action을 실행했을 때의 효과는 강력하다. 그것은 그 사람이 체화하는 정도와 시간의 2배가 아니라 10배 100배로 확장되기 때문이다. 원하는 대로 인생이 흘러가지 않는다면 원하는 방향으로 흘러가도록 의도를 세우고 연습하고 행동하면 된다.

이 책을 통해 우리가 가진 물질에 대한 정보가 어디에서 왔는지 깨닫고, 돈에 얽힌 자신의 무의식을 들여다보고 생각의 방향을 전환함으로써 평생 돈운이 좋아지는 4주의 기적을 체험하게 될 것이다.

Baro 황 수현

Money
Information

그 생각이 정말
내 생각인가

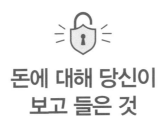

돈에 대해 당신이
보고 들은 것

한번 들은 정보가
견고해질 때

어린 시절 나도 모르는 사이에 들어왔던 타인의 암시는 나에게 강력한 영향을 준다. 은영 씨는 뭔가 실수를 할 때마다 엄마로부터 "너는 왜 제대로 하는 게 하나도 없니?"라는 말을 듣고 자라 자신은 아무것도 못하는 사람이라는 콤플렉스를 갖게 되었다. 주한 씨는 매일같이 돈이 없다는 엄마의 말을 듣고 자라 돈에 대한 불안감이 있었다. 그런데 어느 날 엄마와 옛날 얘기를 하다가, 어릴 적 집에서 운영하던 식당이 상당히 잘되어 돈이 넉넉했다는 사실을 깨닫곤 배신감을 느꼈다고 한다.

고대로부터 뇌는 인간 사고의 창고로 여겨져 왔다. 사고 작용과 마음은 분리될 수 없으며, 마음이나 사고의 변화에 따른 뇌 신경조직의 변형 등은 최근 서구에서도 수많은 과학적 도구를 이용해 연구되고 있다.

우리 뇌는 800억~1,000억 개의 뉴런(neuron, 신경세포)이 있고, 각각의 뉴런은 약 500조 개의 시냅스(synapse) 연결이라는 신경망을 통해 서로 신호를 보내고 있다.

누군가 "넌 왜 이렇게 못생겼니?"라고 말했는데 그걸 진실이라고 생각하고 받아들이면 거울을 보면서 '나는 못생겼다'는 정보에 시냅스가 계속 연결되기 시작한다.

수정 씨를 처음 만났을 때 그녀는 외모에 대한 자신감이 심하게 떨어진 상태였다. 어릴 적에 "넌 왜 이렇게 못생겼니"라는 말을 들은 후로 외모 콤플렉스가 생겼고, 얼굴도 비대칭으로 비뚤어지기 시작했다. 외모 콤플렉스에서 벗어나기 위해 외국어를 열심히 공부해 3개 국어를 동시통역할 만큼 실력을 갖추고 외국 유학도 다녀왔지만, 여전히 외모에 대한 다른 사람들의 평가에 예민했다.

이렇게 타인의 암시로 인해 마음이 한쪽으로 결집되면 몸도 한쪽으로 결집되는 경우가 상당히 많다. 얼굴이 엄청나게 붓고 커져 있는 상태로 코칭을 받으러 온 사람이 있었다. 화가 쌓이면 그 생각들이 기억되고 '화'라는 강한 파장이 만들어지면서 얼굴도 그 파장에 따라 찌그러진다.

얼굴이 울퉁불퉁하고 목이 안 보일 정도로 어깨가 경직되어 있던 한 남자가 코칭을 받으러 왔다. 코칭 후 화를 풀어내고 정상의 얼굴로 돌아왔다. '진짜야?' 하고 의아해할 분도 계시겠지만, 실제로 내 눈앞에서 벌어졌던 일들이다. 신념이 재정렬되면 몸에 가득 찬 마이너스 에너지들이 빠져나가면서 몸이 정상으로 작동하기 시작한다.

돈에 대해 들었던
부정적 정보와 긍정적 정보

"돈이 없어 죽겠어."

"너희 아버지는 돈을 안 벌어와."

"너희 어머니는 돈을 함부로 쓴다."

"아끼지 않으면 거지로 살아."

"그렇게 돈에 욕심 부리면 안 된다."

"돈 갖고 유세 떨고 있어."

"옆집 남편은 돈을 잘 번다는데……."

"남의 자식들은 용돈도 잘 주고 해외여행도 보내준다는데……."

우리는 살면서 이런 말들을 얼마나 들으면서 살아왔을까? 이런 말들은 모두 사람들의 마음에 돈과 관련해 어떤 정보를 남긴다. 누군가를 비난하는 소리는 사람을 불편하게 한다. 만약 돈 때문에 부모님이 싸우는 소리를 듣고 이것의 진동이 불편한 것, 화나는 감정으로 강력하게 각인되면 삶에 불편한 영향을 미친다. 소리(청각 정보)는 감정에 강력한 영향을 주기 때문이다.

연인의 '사랑한다'는 말은 강한 진동으로 평생 기억되고, 자신을 누군가와 비교하는 말이나 시어머니의 모진 소리는 가슴에 남아 두고두고 상처가 될 수도 있다.

소리를 들을 때 긍정의 정보든 부정의 정보든 감정의 울림만큼 가슴에 저장되기 때문이다. 그런데 여기서 긍정적인 소리보다 부정적인 소리가 듣는 사람의 삶에 더 큰 영향을 준다. 이것을 '부정성 효과(Negativity Effect)'라고 한다. 기분 좋을 때 분비되는 신경전달물질인 도파민보다 기분 나쁠 때 분비되는 아드레날린이 더욱더 강력한 호르몬으로 인체에 작용하기 때문에 이런 일이 생긴다. 인류는 원시시대부터 맹수들의 공격에서 살아남기 위해 순간적으로 엄청난 힘을 발휘해서 도망쳐야 했는데, 이때 중요한 역할을 하는 게 아드레날린이다. 결국 위험 회피 본능이 저장되어 있는 것이다.

부와 가난에 대한
시각 정보

우리는 여러 가지 감각기관(시각, 후각, 청각, 촉각, 미각)을 통해서 세상의 정보들을 받아들인다. 그중에서도 가장 크게 영향을 미치는 것은 시각 정보다. 뇌에 저장되는 정보들 중 80% 이상이 눈으로 보는 것, 즉 시각을 통해 전달된다. 눈을 뜨고 보는 모든 것들, 심지어는 눈을 감고 보는 꿈까지도 시각이라는 감각으로 인식된다.

1980년대의 대표적인 여가수였던 방미가 200억 자산가가 되어 화제가 된 적이 있다. 그녀가 부동산 관리의 중요한 팁으로 소개한 것 중 하나가 공실률 관리였는데, 비싼 임대료를 받는 것보다는 빈 곳이 없게 하는 것이 핵심이다. 집을 팔기 힘들 때나 임대가 잘 나가지 않아 사무실이 비어 있는 경우에는 보기 좋은 화분도 갖다놓고 스탠드 조명도 갖다놓아 더 아늑해 보이게 만들면 잘 나간다고 한다. 시각적으로 보기 좋은 집은 구매 욕구를 높이기 때문이다. 그래서 건설회사에서 아파트를 분양할 때도 사전에 모델하우스를 만들어 집이 지어진 최상의 상태를 시각적으로 보여주는 것이다.

우리가 눈을 통해 보고 받아들인 시각 정보들은 뇌에 필름처럼 저장되며, 그것은 삶에 강력하게 영향을 주어 삶을 설계한다. '멋진 차와 좋은 집에 근사한 배우자와 살며 안정된 수입 속에 세계를 여행하는 것' 이것이 21세기 미디어 시대에 다양한 시각적 영상 정보를 통해 입력되어 만들어진 대중적인 부자의 모습이다. 우리는 자신이 받아들인 부자의 정보들을 조합해서 자신이 앞으로 부자가 되면 그렇게 살겠다고 설계하면서 살아간다. 이처럼 뇌는 시각 정보를 조합해 자신이 본 것을 바탕으로 자신이 원하는 것들을 만들어낸다.

물질에 관한 정보는 시각적 정보를 통해 가장 강력하게 뇌에 인지됨으로써 그 입력된 것을 핵심으로 자신의 물질적 현실을 만들어낸다. 부자가 매력적으로 보이는 것은 부자를 보거나 물질에 관련된 장소나 물건, 정보를 보면 도파민이라는 호르몬이 작용하기 때문이다. 도파민은 인간을 흥분시켜 살아갈 의욕과 흥미를 부여하는 신경전달물질 중 하나다. 사람들이 명품을 로망하는 것도 그 때문이다.

이미 부자이거나 많은 부자들을 가까이에서 보며 자란 사람들은 부자로 연결된 시냅스의 정보가 다양하기 때문에 부자의 삶을 쉽게 누릴 수 있다. 부자와 관련된 반복적인 경험과 부에 대한 학습을 통해 그것을 기억함으로써 부자로서의 정체성(고유의 에너지 파동)을 만드는 것이다.

그래서 부자 친구나 친척을 만나거나 부자가 많이 사는 곳에서 살거나 물질적 풍요가 느껴지는 장소를 가는 것만으로도 내 안의 부에 대한 진동이 강화되고, 부의 경험들로 이어지는 결정체가 만들어져 부자로 살 수 있는 지름길을 찾을 수 있다.

아들의 교육을 위해 세 번씩이나 이사를 다녔다는 '맹모삼천지교' 또한 같은 맥락에서 이해할 수 있다. 보는 것을 통해서 삶을 설계한다는 것을 몸소 실천한 어머니의 노력이 아들 맹자가 위대한 사상가가 되는 기틀을 마련한 것이다.

그런데 부자 친구나 친척이 없으며 부자에 대해 본 것이 그리 많지 않고, 또 돈에 대해서도 별다른 교육을 받지 않았거나 정보가 없다면 부자로서의 삶을 만들어내기는 쉽지 않을 것이다. 이들은 주로 TV 드라마나 미디어에서 편집된 부자에 관한 정보를 얻는 것이

전부일 것이다. 그러한 정보들은 단편적인 단기기억으로, 뇌의 신
경세포 사이에 정확한 회로를 만들어낼 연결선(시냅스)이 없어서 장
기기억으로 저장되기 어렵다.

　이들이 부자가 되려면 부에 관한 정보를 찾아보고 시냅스를 강
화시켜 나가야 한다. 이로써 부자로서 살아갈 수 있는 준비가 되는
것이다. 그리고 난 후 부자에 관한 계획을 구체화하여 실천하는 것
이 부자가 되는 방법이다.

부정을 긍정으로 편집하기

돈에 관한 부정적 정보가 자신에게 더 이상 영향을 끼치지 않을 정도로, 반대되는 소리를 반복해서 듣거나 말하면 부정적인 에너지를 몰아내고 돈에 대한 감정을 긍정적으로 변환시킬 수 있다.

참고로 골든키마인드센터에서는 여러 명이 함께 그룹코칭을 통해서 물질에 관한 진동을 강화시키는 훈련을 하지만 이 책에서는 스스로 훈련해야 하므로 자가훈련이 가능한 액션을 꼭 실천하길 바란다.

1단계 : 내가 들어왔던 부정적인 소리들을 적어본다.

(예시)

- 땅 파면 10원 한 장 나오냐?
- 정말 돈이 없어 죽겠어.
- 돈 벌기 힘들어.
- 그렇게 돈 쓰면 거지 된다.

2단계 : 부정적 소리와 반대되는 긍정의 소리를 적어본다.

(예시)

- 땅 파면 10원 한 장 나오냐? → 나의 풍요로운 삶을 위해 세상은 많은 것들을 가져다준다.
- 정말 돈이 없어 죽겠어. → 내가 원하는 돈은 항상 생긴다.
- 돈 벌기 힘들어. → 재미있게 일하면 돈은 항상 따라온다.
- 그렇게 돈 쓰면 거지 된다. → 돈은 쓸 만큼 나에게 온다.

3단계 : 긍정의 소리를 반복해서 말해본다.

내가 원하는 긍정의 소리를 녹음해서 스스로에게 들려줘도 좋다.

자신이 원하는 돈의 관점으로 전환하기

동일한 시각에 같은 장소에 있었던 사람들도 저마다 기억하는 게 다르다. 예를 들어 수많은 사람이 남산에 올라가 서울 시내의 전경을 바라보지만 빌딩, 판자촌, 한강변 아파트 풍경 등 각자 다른 곳을 바라보며 제각각 다른 인식과 생각을 한다.

A : 멋진 빌딩을 보면서 '저 멋진 빌딩의 주인은 누구일까? 나도 언젠가 저런 빌딩의 주인이 되어 부자로 살겠다'고 결심하는 타입.

B : 재개발되지 않은 판자촌을 보면서 '힘겹게 사는 사람이 아직 많은데 정치인들이나 부자들은 왜 저런 사람들을 도와주지 않고 낭비를 하는가'라며 세상을 비난하는 타입.

C : 별 생각 없이 서울시내 정경을 바라보며 자신의 삶도 그냥 주어지는 대로 순응하며 사는 타입.

D : 많은 아파트를 보며 '저 아파트는 다 주인이 있을 것이고 나도 꼭 내 집을 갖고 말거야'라고 생각하며 내 집 마련을 목표로 하는 타입

E : '다른 사람들은 부모 잘 만나서 잘사는데 나는 부모를 잘못 만나 못산다'며 부모와 그런 부모를 맺어준 하늘을 원망하는 타입.

만일 당신이 그곳에 있었다면 어떤 생각을 했을까? 다음에서 제시하는 3단계를 통해 돈에 관한 부정적 정보가 내게 어떤 영향을 미쳤는지 살펴보자.

1단계 : A, B, C, D, E 중 당신은 어떤 타입인가?

A : 큰 부자가 될 유형

B : 타인 비난형

C : 인생순응형

D : 내 집 마련형

E : 부모원망형

2단계 : 당신이 원하는 타입은 무엇인가?

A, B, C, D, E 중 현재 당신의 타입이 아닌 당신이 원하는 타입을 골라보자.

3단계 : 숙고하기

당신의 타입과 당신이 원하는 타입이 동일하지 않다면 깊이 생각해봐야 한다. 부자가 되기 위해서는 돈을 벌어야 하지만, 그것이 핵심은 아니다. 돈을 통해 어떻게 살고 싶은지가 핵심이다. 당신은 어떻게 살고 싶은가? 돈에 대한 부정적 정보가 내게 어떤 영향을 끼쳤는지 자각하고, 자신이 원하는 돈의 관점으로 전환해야 한다.

돈에 대한 당신의
신념은 무엇인가

'가난'에 대해
무엇을 생각하고 있는가

중국의 어느 시골 동네에 살고 있는 두 아들을 둔 아버지가 자식을 큰 도시로 보내야 성공한다는 생각으로 두 아들을 상하이에 보냈다. 그리고 시간이 흘러 두 아들은 아버지에게 편지를 보냈다. 큰아들의 편지는 "상하이는 물조차 사서 먹어야 할 정도로 살기가 힘이 들며 너무 각박하고, 고향이 너무 그립다"는 내용이었고, 작은아들의 편지는 "상하이는 너무나 많은 기회가 있는 곳이며 심지어 물까지 팔아서 돈을 벌 수 있는 곳이다"라는 내용이었다.

두 형제의 미래는 결국 각자의 생각대로 펼쳐졌다. 고향이 그립다는 큰아들은 고향으로 다시 돌아가 농사꾼이 되어 고향에서 살게 되었고, 물까지 사먹는다며 기회를 말하던 작은아들은 중국 최고의 생수회사를 운영하는 사장이 되었다.

두 형제의 삶이 다르게 펼쳐진 것은 같은 장소에서 같은 것을 보았지만 각자의 생각에 따라 다른 관념을 가졌기 때문이다. 부자를 보더라도 내가 그것을 어떻게 인식하느냐가 매우 중요하다. 부자에 대한 부정적인 정보를 인식하고 그것을 강화시키면, 부자를 욕할 수 있는 최고의 위치인 '끝없는 가난'을 경험하게 될 것이다.

물질과 얽힌 것들에 대한 사람들의 생각은 대체로 다음과 같다.

- 가난 : 살림살이가 넉넉하지 못함. 또는 그런 상태.
- 무소유 : 가진 것이 없음. 가지지 않은 것을 선택한 상태, 자유로움을 선택한 상태, 물질로부터의 자유, 소유함으로부터의 자유, 부족함이 없는 가지지 않은 것을 선택한 상태로 스트레스가 없음.
- 부족하다 : 필요한 양이나 기준이 미치지 못해 충분하지 아니함. 자신이 원하는 것들이 채워지지 않은 상태.
- 풍족하다 : 매우 넉넉하여 부족함이 없는 상태.

그래서 부족감을 경험하는 것보다는 풍요로움을 경험하는 것이 우리에게는 좀 더 편안함과 행복감을 줄 확률이 높다. 어떤 사람들은 '물질적으로 가지지 않는 것이 마음의 부자'라고 말하면서, 마치 물질의 비소유가 마음을 풍요롭게 하는 것이라고 말한다. 그렇지만 지금의 정보사회에서 물질을 비소유한다고 해서 '마음의 부자'로 여기기는 쉽지 않을 듯하다. 우리가 살고 있는 곳은 물질사회이며 물질의 다양한 정보를 통해 사회를 구성하고 많은 혜택을 보고 있기 때문이다.

물질사회를 떠나 산속에 들어가서 물질과 관련 없는 삶을 살아가겠다고 한다면, '무소유의 청빈한 삶'이 가능할 수도 있겠지만, 물질사회 속에서 살면서, 많은 물질 정보에 노출되면서 물질을 소유하지 않고 살기란 쉽지 않을 것이다.

'하늘에 기도하면 원하는 것이 이루어질 거야'라고 바라는 사람이 있다고 하자. 그가 구원의 상태를 경험하기 위해서는 자신이 수렁에 빠져야 한다. 신이나 타인에게 구원이나 도움을 받는 방법은 힘겨운 삶을 경험하는 것이다. '무언가 부족하다'라는 것 자체가 수많은 부족한 삶의 환경을 끌어올 수 있다. '빈민촌에는 훨씬 더 많은 범죄와 훨씬 더 많은 고통이 존재한다'는 게 현실 사회의 통계다.

'부자'에 대해 무엇을
생각하고 있는가

우리는 어떤 사람을 '부자'라고 할까. 네이버 사전을 찾아보면 다음과 같은 정의들이 있다.

- 부자 : 재물이 많아 살림이 넉넉한 사람

- 갑부 : 첫째가는 큰 부자

- 재벌 : 재계에서 여러 개의 기업을 거느리며 막강한 재력과 거대한 자본을 가지고 있는 자본가, 기업가의 무리

- 벼락부자, 졸부, 폭부 : 갑자기 된 부자

- 백만장자 : 재산이 매우 많은 사람 또는 아주 큰 부자

KB금융지주 경영연구소가 발표한 '2018 한국 부자 보고서'에 따르면 부동산과 다른 실물자산을 제외하고 순수하게 금융자산만 10억 원 이상 있는 부자는 2017년 기준 27만 8천 명이라고 한다. 이들이 보유한 금융자산은 약 646조 원이며, 부자 1명당 갖고 있는 금융자산 평균은 23억 2천만 원이다. 가구원 수를 평균 3.5명으로 가정하면 '안심하고 먹고살 만한' 환경에 있는 사람은 97만 3천 명 정도라는 얘기다. 이 사람들은 적어도 먹고사는 고민에서는 벗어나 있다.

또 "평생 부자로 살려면 돈이 얼마가 필요한가"에 대한 질문에서 가장 많이 나오는 대답은 100억 원이었다.

우리나라에 1조 원 클럽이 있다는 사실을 아는지? 2014년 7월 말 기준 재벌닷컴 자료에 따르면, 우리나라에서 개인재산이 1조 원이 넘는 부자는 모두 35명인 것으로 집계되었다. 이들 중 '자수성가형 부자'는 10명이라고 한다.

좀 더 최신 자료인 미국 경제전문지 《포브스》가 발표한 2019년

세계 억만장자 리스트에서 한국 부자들의 자산 규모 측정치를 보면, 이건희 삼성그룹 회장(19조 4천억 원), 서정진 셀트리온 회장(9조 3천억 원), 이재용 삼성전자 부회장(7조 9천억 원), 김정주 NXC 대표(7조 4천억 원), 정몽구 현대차 회장(4조 9천억 원) 순이다. 조사기관의 자산 측정 방법이나 연도에 따라 달라지기도 하지만 다음으로는 권혁빈 스마일게이트 홀딩스 회장, 서경배 아모레퍼시픽 회장, 최태원 SK 그룹 회장, 임성기 한미약품 회장, 김범수 카카오이사회 의장, 신창재 교보생명 회장 등이 1조원 클럽에 해당되는 사람들이다.

다들 부자가 되고 싶어 한다. 여기서 말하는 진정한 부자는 풍요로운 상태를 말하며 자신이 하고 싶은 것에 제약을 받지 않는 상태를 말한다. 사람들은 자신이 가진 물질에 대한 정보 체계를 통해서 스스로 생각하고 책정한 만큼의 돈을 갖게 된다. 사람마다 바라보는 부에 대한 의식체계와 규모, 설정이 다르기 때문에 이런 결과가 나타난다.

예를 들면 어떤 사람은 돈을 버는 것에, 어떤 사람들은 번 돈을 어떻게 쓰는 것에, 또 어떤 사람은 돈을 어떻게 불리느냐를 생각하며 목표를 세운다. 그리고 선한 의도로 많은 사람들에게 기여할 수 있는 일을 할 때 가장 풍요롭고 행복하다고 생각하는 사람이 더욱 큰 성장을 하게 되는 것은, 풍요가 넘칠 때 많은 사람과 함께 나눌 수 있기 때문이다.

'부'에 대해 당신이 원하는 것은 무엇인가

우리 사회에서 비주류와 주류를 나눌 때 예전에는 신분이나 학력이 기준이 되었다면 현재는 '부'가 그 기준이 되고 있다. 자신만의 고유한 콘텐츠로 '부'를 일으켜서 주류 사회로 편입된 이들이 성공한 이유는 돈만을 바라보지 않았기 때문이다. 자신을 사랑하고 자신이 하는 일을 사랑하고, 자신이 원하는 것에 초점을 맞추었다는 것이 공통점이다.

방탄소년단(BTS)은 문화 콘텐츠를 통해 부를 일으켜 주류로 편승했으며, 김정주 넥슨 대표는 게임 콘텐츠를 통해 부를 창조하고 고용을 일으켜 2019년 《포브스》 선정 세계 억만장자 순위(244위)에 이름을 올렸다.

물질에 대한 의식을 풍요롭게 하는 시작은 바로 '나'라는 존재에 대한 신뢰와 사랑에서 출발한다. 세계적인 부자들은 에너지장의 방향이 외부가 아닌 자신으로 향해 있고 스스로가 가진 정신적 파워를 표면으로 꺼내는 데 초점이 맞춰져 있다.

돈에 대한 당신의 생각은 물질에 관해 경험할 수 있는 삶의 재료로 쓰인다. 우리는 정보를 통해 돈을 인식하고 그 인식을 통해 생각하며, 그 생각을 통해 자신이 원하는 바를 성취할 수 있다. 이때 물질적 부분에서 자기가 설정한 만큼의 돈을 벌게 된다.

그런데 자신이 번 돈을 쓰는 것에 대해 죄책감을 가지는 사람들이 있다. 빈부 격차가 큰 사회에서 살고 있기 때문에 돈이 많은 사람은 돈이 없는 사람들의 시샘을 받거나 비교당하는 불편함도 느낄 수 있다. 그래서 부자는 욕을 먹는다는 사실을 의식해 일부러 돈이 없는 척하기도 한다.

이런 말을 하는 이유는 내가 속한 사회 속에서 나의 의식은 어떤 정보들을 받아들이고 있는지 정확하게 들여다보기 위해서다. 어떤 정보 체계를 보고 자라고 어떤 부모님과 어떤 친구들과 교류했는지, 어떤 교육을 받았는지, 어떤 TV 프로그램을 봤는지에 따라 사람들은 각자 뇌 속에 생겨나는 시냅스가 달라진다.

돈에 대해서 죄책감이나 위기감 같은 마이너스 감정을 가지고 있다면, 아무리 돈을 벌기 위한 실행을 열심히 해도 두 가지 파동이 부딪쳐 효과를 얻기 힘들다. 부자는 가난한 사람을 착취하는 사람이거나 죄인이 아니다. 물질의 풍요로움을 누릴 수 있는 '축복의 부자'가 되어, 그 풍요를 세상 속에서 확장하겠다는 마음으로 아름답게 살아가기 바란다.

Key Action 03

부와 가난에 대해 생각하기

'부'와 '가난'에 대해 어떻게 생각하고 있는지 자신의 의식 저변에 무엇이 있는지 끄집어내기는 쉽지 않은 일이다. 막상 질문을 해보면 앞뒤가 안 맞는 대답을 하는 사람이 상당히 많다.

이번 액션을 통해 돈에 대해 품게 되는 생각의 원리가 무엇인지, 자신이 원하고 있는 진짜 모습이 무엇인지 이해할 수 있다. 이 과정을 통해 자신이 어떤 사람으로 살고 싶은지, 그게 어떤 의미이고 어떻게 이룰 수 있는지 길을 찾아나갈 수 있다.

다음 3단계를 깊이 생각해봄으로써 자신의 생각을 찾아 '부'를 풍요로움으로 받아들이면 풍요로운 삶이 연결된다.

1단계 : 나는 '부'에 대해 어떻게 생각하고 있는가?

2단계 : 나는 '가난'에 대해 어떻게 생각하고 있는가?

3단계 : 내가 원하는 부자는 어떤 부자인가?

생각을 쓰면
목적이 강화된다

그녀에게 잠재돼 있던
진짜 욕망

예전에 미국에 살았던 적이 있다. 미국은 땅이 너무 넓어 고속도로를 운전할 때 다음 이정표가 한참이 지나야 나타나곤 했다. 그럴 때마다 과연 내가 제대로 가고 있는 건지, 혹시 엉뚱한 방향으로 가고 있는 건 아닌지 너무 불안했던 기억이 아직도 생생하다.

재테크 프로그램에서도 1년 후, 3년 후, 5년 후, 10년 후의 목표치를 적어내게 하는 곳이 많은데, 처음에는 잘 적어내지 못하는 사람이 많다. 하지만 내가 원하는 곳까지 가려면 그게 무엇이든 이정표는 반드시 필요하다. 서울에서 부산까지 가는데 만약에 이정표가 없다면 길을 잃고 헤매다 어떻게 될지 알 수 없다.

10년 전 한국에서 늘 불안감과 압박감에 시달리고 있던 미경 씨는 '마음 편하게 살고 싶어서'라는 이유로 모든 걸 다 던지고 인도로 떠났다. 책임져야 할 어린아이가 있었기 때문에 스님이 되지는 않았지만 평생 마음을 보는 수행자로 살 생각이었다.

인도의 한 명상센터에서 지내면서 처음에는 영혼이 자유로워지고 마음이 편안해지는 것 같았다. 그런데 1년간 그곳에서 지내면서 그녀가 느낀 것은 '정말 돈이 필요하다'는 것이었다.

인도의 명상센터에서 1년간 있으려면 재정적인 관점에서 그야말로 가장 필요한 건 돈일 수밖에 없다. 명상센터이지만 최소한의 생활을 한다고 해도 돈이 필요하기 때문이다. 사실 사람이 숨만 쉬고 있어도 돈은 필요하다. 생존만 하는 데도 돈은 필수조건이다. 그런데 인도에 가는 사람들은 대체로 모든 걸 던지고 가는 사람이 많다 보니 재정적으로 인풋은 더 이상 없는 상태일 것이다. 그 상태에서 생존을 위한 아웃풋은 계속 발생하니 그 갭은 그전보다 더욱 크게 느껴지게 마련이다.

그녀는 자신이 가진 생각, 정보, 에너지 등을 정렬해보면서 '수행자로 사는 게 아니라 한국 땅에서 정말 잘살고 싶은 것'이 진짜 자신이 원하는 것임을 깨달았다.

그녀는 다섯 자매 중 셋째 딸이었는데, 딸 다섯을 어떻게든 대학에 보내고 싶었던 부모님은 그녀가 대학에서 처음 장학금을 받자 "넌 졸업할 때까지 장학금 받고 학교 다녀. 등록금은 없어"라고 선언했다고 한다. 대학교를 졸업할 때까지 늘상 '장학금을 받지 못하면 학교를 다닐 수 없다'는 불안감을 가지고 있던 그녀는 초긴장 상태에 빠지는 시험 트라우마가 생겨버렸다. 그리고 그것은 돈에 대해 불편한 상황으로 인식되었다.

어릴 때 그녀는 과자 한 봉지가 있어도 형제들과 나누어 먹거나 동생에게 양보해야 했다. 매일 배달되는 우유를 어머니는 작은 컵 5개에 똑같은 양으로 따라서 나눠주곤 했다. 그러나 그 우유 한 팩을 다 마시고 싶었던 그녀는 작은 컵의 우유가 성에 차지 않아서 '안 먹는 것'을 선택하기 시작했다. 돈에 대해서도 성에 차지 않으면 그녀는 가지지 않았다. 그녀가 모든 걸 버리고 인도로 떠난 것은 사실은 성에 차지 않는 세상에서 사는 것보다 물질을 가지지 않는 수행자를 선택했던 것이었다.

그녀는 이제는 이렇게 말한다. "살면서 갖고 있던 마이너스 신념들이 정리되고 나니까 스스로를 이해하게 되고 내가 얼마나 아름다운 존재인지 알게 되었어요." 그녀는 이제 원하는 방향으로 스스로 힘을 실어주고 있고, 마이너스 방향으로 불필요한 에너지를 사용하지 않게 되었다.

돈에 대한 부정적인 생각이 강력했던 또 하나의 사례가 있다. 성민 씨는 어릴 적 아버지로부터 "돈은 독과 같은 것이다"라는 말을 반복해서 듣고 자랐다. 센터에 찾아왔을 때는 부인이 돈을 벌고 자신은 백수인 상태였다. '돈을 번다'라는 것은 독을 가지는 것과 같다는 생각이 그를 돈을 벌지 않는 상태로 만든 것이다.

반대로 돈을 많이 벌긴 하는데 '돈'을 편안하고 풍요로운 물질로 받아들이지 못하는 사람도 있다. 원한을 풀기 위해서 돈을 벌거나 타인에게 보여주기 위해서 돈을 벌거나 화가 나서 돈을 버는 경우다. 그럴 때 돈은 '화난 돈'이다. 맺히고 화난 상태일 때에만 돈을 벌게 되는 것이다. 이럴 때에도 그런 감정 위에 덮여 있는 것들을 걷어내고 정말 내가 원하는 것을 찾아내야 한다.

진짜 원하는 방향으로
에너지 바꾸기

스님도 신부님도 돈은 필요하다. 명상가이거나 수행자인 사람들은 마음공부를 하면서 돈을 소유하면 안 된다는 마인드가 있어서 물질을 받아들이기까지 시간이 좀 걸린다. 그런데 '돈=탐욕'이라는 공식만 있는 것은 아니다. 돈은 얼마든지 다른 무엇이 될 수 있다. 어떤 사람에게 돈은 사랑의 표현일 수도 있고, 어떤 사람에게는 생존을 위해 원하지 않는 일을 하지 않아도 되는 안전장치일 수도 있다.

나는 마음을 다루지만 사업을 해봤던 사람이라 현실을 배제하고 마음을 다루지는 않는다. 마음속 세상에서만 돌아다닌다면 정신병원으로 가야 할지도 모른다. 그러나 현실 세상에서 마음을 다스리고 살아가려면 현실과 마음을 정합시켜야 한다. 마음이 어디서 시작되었고 몸은 어떻게 움직여야 하는지 찾아내는 것이다. 움직이지 않는 생각은 망상이다. 행동하지 않기에 현실로 일어나지 않는다.

머릿속에서 정보의 연결(시냅스)이 없다면 그 연결 접점을 찾아주는 것이 내가 하는 작업이다. 사실 당신의 잘못은 아니다. '부자는 다 나쁜 사람들이고, 가난한 사람은 다 불쌍하다'는 식의 생각들이 당신 안의 기억 저장장치 안에서 시스템화된 것일 뿐이다. 다시 시작하면 누구나 할 수 있다.

원하는 걸 쓰면
목적성이 강화된다

생각을 쓰면 원하는 것을 이루는 지름길로 가게 된다. 글로 써서 자신의 생각을 명확하게 인지하는 순간, 목적을 강력하게 인식하면서 에너지가 우주와 연결되어 원하는 현실에 빨리 도착할 수 있다. 그것은 마치 고속도로를 달리는 중간중간 세워져 있는 이정표가 길을 명확하게 안내하는 것과 같다.

자신의 마음을 적어 원하는 것을 확인하는 것은 마치 매일매일 일기를 쓰는 사람이 삶의 현주소를 바라볼 수 있기 때문에 좀 더 명확한 미래를 계획할 수 있는 것과도 같다. 쓰는 것의 장점은 반복할수록 인식이 구체화되기 때문에 원하는 것이 명확해져 원하는 곳에 더 빨리 도달할 수 있다는 것이다. 생각을 구체화할수록 인식이 명확해지며, 그것을 실천하면 현실에서 경험으로 이어진다. 이때 열정을 더할수록 빠르게 경험한다.

반복해서 쓰면 뇌의 시냅스를 강화시켜주기 때문에 자신의 신념을 명확하게 인지할 수 있다. 에너지가 강력해지는 것이다. 이것이 종교에서 원하는 것을 소원할 때 필사를 권하는 이유다.

예를 들어 '관세음보살, 관세음보살'을 쓸 때 사실 그 안에는 '부자 되게 해주세요, 부자 되게 해주세요'가 있는 것이다. 이런 염원을 하면서 에너지가 모아져 임계점에 이르렀을 때 진동이 커져서 실제로 원하는 것을 이루는 사람도 있다.

돈을 통해 무엇을 원하는지와 그 이유가 무엇인지 구체적으로 적으면, 생각이 구조화되어 생각에 중심기둥이 세워진다. 다시 말해 물질에 관한 생각을 구체적으로 적음으로써 생각이 눈앞에서 현실로 나타나게 되는 것이다.

이 책의 액션 프로그램에서 시각이나 청각을 많이 다루고 몸을 많이 움직이게 하는 것은 의식을 뇌가 현실화시키기 위한 장치다.

돈에 대한 생각을 연필로 쓰기

쓰기는 생각을 강력하게 하고 구체화하고 인식하는 데 큰 힘을 발휘한다. 쓰기를 통해 에너지가 강력하게 전달되기 때문에 내가 원하는 것을 이룰 가능성이 매우 높아진다. 쓸 때는 반드시 연필을 사용하자. 연필로 해야 하는 이유는 지우개로 지우기 위해서다. 화이트나 키보드 딜리트 키로 지우는 것보다 시각적으로 더 효과적이다.

연필로 적어보면서 지금까지 내 안에 입력되었던 돈에 관한 부정적, 긍정적 신념이 내 삶에 어떤 영향을 주었는지 인지해보자.

1단계 : 돈에 대한 부정적 생각 세 가지를 적는다.

(예시)

- 돈 벌기는 참 힘들다.
- 부자들은 거만하다.
- 돈이 너무 많아도 신경 쓸 게 많아서 피곤하다.

2단계 : 돈에 대한 긍정적 생각 세 가지를 적는다.

(예시)

- 돈이 많으면 여유 있게 산다.
- 돈이 있으면 좋은 배우자를 선택할 수 있다.
- 돈이 있으면 안정적이다.

3단계 : 긍정적 생각과 부정적 생각을 통해 다음 질문에서 원인을 찾는다.

- 당신의 그 생각은 어디에서 왔는가?
- 그러면 당신이 원하는 것은 무엇인가?
- 그것을 위해 당신은 무엇을 해야 하는가?
- 그래서 당신은 어떻게 살고 싶은가?

세 가지를 쓰기가 생각만큼 쉽진 않을 것이다. 다음 예제를 읽어본 다음 자신의 생각을 적어보자.

부정적 생각 1 '돈 벌기는 참 힘들다'
- 당신의 그 생각은 어디에서 왔는가?
  → 부모님이 힘들게 돈을 벌었고, 방송이나 기사에서도 그런 정보들을 접했다.
- 그러면 당신이 원하는 것은 무엇인가?
  → 돈을 쉽게 버는 방법을 알고 싶다.
- 그것을 위해 당신은 무엇을 해야 하는가?
  → 개념을 정리하고 돈을 쉽게 버는 방법을 알아본다.
- 그래서 당신은 어떻게 살고 싶은가?
  → 편안하고 재미있게 일하며 돈을 많이 벌고 싶다.

부정적 생각 2 '부자들은 거만하다'

- 당신의 그 생각은 어디에서 왔는가?
  - → 방송이나 기사에 등장하는 거만한 부자, 돈 좀 있다고 다른 사람을 무시하는 친척 모습.
- 그러면 당신이 원하는 것은 무엇인가?
  - → 진솔하고 겸손한 태도.
- 그것을 위해 당신은 무엇을 해야 하는가?
  - → 타인에 대해 섣부른 판단을 하지 말아야 한다.
- 그래서 당신은 어떻게 살고 싶은가?
  - → 진솔하고 겸손하게 살겠다.

부정적 생각 3 '돈이 너무 많아도 신경 쓸 게 많아서 피곤하다'

- 당신의 그 생각은 어디서 왔는가?
  - → 돈이 많으면 관리하는 데 많은 시간과 에너지를 써야 한다고 생각한다.
- 그러면 당신이 원하는 것은 무엇인가?
  - → 편하게 사는 것.
- 그것을 위해 당신은 무엇을 해야 하는가?
  - → 돈이 많으면 불편하다는 생각을 버린다.
- 그래서 당신은 어떻게 살고 싶은가?
  - → 풍족하게 살고 싶다.

긍정적 생각 1 '돈이 많으면 여유 있게 산다'

- 그 생각은 어디서 왔는가?

  → 돈이 있는 사람들이 원하는 것을 여유 있게 하는 것을 보면서 그렇게 살고 싶었다.

- 그러면 당신이 원하는 것은 무엇인가?

  → 원하는 것들을 편안하게 하는 것.

- 그것을 위해서 당신은 무엇을 해야 하는가?

  → 저축과 재테크.

- 그래서 당신은 어떻게 살고 싶은가?

  → 돈이 많아 풍족하고 여유 있는 삶.

긍정적 생각 2 '돈이 있으면 좋은 배우자를 선택할 수 있다'

- 당신의 그 생각은 어디서 왔는가?

  → 돈이 많은 사람들은 원하는 배우자와 결혼할 수 있다고 믿고 있다.

- 그러면 당신이 원하는 것은 무엇인가?

  → 내가 돈을 벌든지 돈 많은 배우자를 만나는 것.

- 그것을 위해 당신은 무엇을 해야 하는가?

  → 이성을 소개받거나 만날 수 있는 곳을 찾아간다.

- 그래서 당신은 어떻게 살고 싶은가?

  → 풍요롭고 따뜻한 배우자와 사랑하며 행복하게 사는 것.

긍정적 생각 3 '돈이 있으면 안정적이다'

- 당신의 그 생각은 어디서 왔는가?

  → 돈이 있으면 어떤 상황에서도 최상의 선택을 할 수 있다.

- 그러면 당신이 원하는 것은 무엇인가?

  → 불안감에 벗어나 편안하게 원하는 것들을 할 수 있는 것.

- 그것을 위해 당신은 무엇을 해야 하는가?

  → 매달 돈이 나올 수 있는 자동 시스템을 만들어 실행한다.

- 그래서 당신은 어떻게 살고 싶은가?

  → 평생 안정적으로 풍족하게 사는 것.

Key Action 05

부정의 말을 지우개로 지우기

지금부터 뇌에서 인식할 수 있도록 부정적 신념을 지우개로 지우는 강력한 작업을 할 것이다. 연필로 쓴 글자가 마음에 들지 않았을 때 지우개로 박박 지워서 깨끗하게 만들고 다시 글자를 예쁘게 적었던 경험을 누구나 해봤을 것이다. 지우개를 쓰는 것은 버그 걸린 프로그램을 없애고 리세팅을 하기 위한 준비 작업이다. 구식 프로그램을 지우고 최신 프로그램을 까는 것이다.

앞의 액션 프로그램에서 종이에 적었던 부정적 생각을 한 자 한 자 지우면서 다짐한다.

'지금까지 내가 가지고 있던 신념 체계는 정보의 유입에 의해 만들어진 프로그램에 불과하다. 버그 걸린 모든 프로그램을 삭제하겠다. 이것을 지우겠다. 나에게 정보로 유입된 이 모든 부정적 생각은 이제 지워진다. 그 안에 담긴 욕망과 저항도 사라진다'라고 생각하며 지우는 것이다.

생각을 말하면
세상과 연결된다

말은 강력한 에너지 진동을
가진 전달체다

화가는 생각을 그림으로 표현하며, 음악가는 생각을 음악으로 표현한다. 마찬가지로 말하기는 자신의 생각을 표현하여 현실과 소통하는 방법이다. 그런데 말은 좋은 파동을 가지는 말과 나쁜 파동을 가지는 말로 나뉜다. 긍정적인 파동을 가진 말은 마치 농부가 밭에 좋은 씨앗을 뿌려 건강한 열매를 수확하는 것과 같이 풍요로운 결과를 가져온다. '말 한마디로 천 냥 빚을 갚는다'고 했다. 말에는 각기 고유의 진동과 정보가 있기 때문에 함부로 말을 하면 안 된다.

'콩 심은 데 콩 나고 팥 심은 데 팥 난다'는 속담이 의미하는 것은 무엇일까? 말도 부정을 말하면 부정의 결과를, 긍정을 말하면 긍정의 결과를 돌려받을 수밖에 없다. 자신이 뿌린 대로 그 열매를 거두는 것이다.

말은 파동의 형태로 전달되는 강력한 에너지 진동을 가진 전달체다. 그래서 우리가 하는 말은 기도가 이루어지듯 말이 현실을 만든다. 전자파가 암을 일으킨다고 하지만 부정적 말의 파동은 전자파보다 3,300배나 더 강하다고 한다. 우리가 '사랑해, 감사해'라고 식물에게 사랑을 담아 말하면 죽어가던 화초가 살아나고, 물에다 '사랑해, 감사해'라고 말하면 물의 구조가 온전한 에너지 상태를 지닌 육각형으로 바뀐다는 실험은 유명하다.

원하는 것을
말하고 있는가

한 부부가 있었다. 남편은 부인에게 모처럼 외식하자고 말했고, 부부는 기쁜 마음으로 외식을 가게 되었다. 남편은 부인에게 무엇을 먹겠냐고 물었더니 부인은 "아무거나"라고 대답했다. 평소 해장국을 좋아했던 남편은 아내를 데리고 유명한 해장국집에 갔는데 부인은 무척 화가 났다. "왜 그러냐"고 남편은 물었지만 부인은 아무 말 없이 인상만 쓰고 있었다. 사실 부인은 근사한 식당에 가서 밥을 먹고 싶었던 것이다. 그러나 부인은 그것을 말하지 않았고, 그래서 부인은 생각과 다른 현실을 경험하게 된 것이다.

시간이 흘러 휴가철이 되자 부부는 휴가를 가기로 했고 남편은 또다시 물었다. 휴가를 어디로 가고 싶냐고. 또다시 부인은 "아무데나"라고 말했다. 낚시를 좋아했던 남편은 낚싯대를 챙겨 강으로 휴가를 가게 되었고, 부인은 또다시 화가 난 채로 휴가를 보내게 되었다. 사실 부인은 바닷가에 가서 멋진 해변을 즐기고 싶었던 것이다. 그러나 그녀는 또다시 자신의 생각을 말하지 않았기 때문에 자신이 원하는 현실을 경험할 수 없었다.

여러분도 살면서 자신의 생각을 말하지 않았을 때 원치 않은 현실이 됨을 경험했던 적이 있을 것이다. 커플이 되거나 부모가 되었다고 갑자기 독심술이 생기는 일은 없다. 당신이 원하는 생각을 말하지 않으면 원하는 현실을 경험할 수 없다. 사람의 생각은 말을 통해서 세상과 연결된다.

우리가 '좋다'라고 말할 때도 그 안에는 불편함이 존재하고, '싫다'라고 말할 때도 그 안에 욕망이 존재한다. 너무나 신기하게도 그동안 우리가 축적해왔던 긍정과 부정이라는 정보 안에는 무의식에 저장된 욕망과 저항이 함께한다. 이것이 바로 그동안 우리가 긍정적인 것을 선언하고, 마인드컨트롤을 하고 수많은 외부적인 노력을 했는데도 현실이 변하지 않았던 이유다. 돈에 대해서도 마찬가지다. 돈에 대한 욕망과 저항을 자각해야 한다.

우리의 뇌는 진짜와 가짜를 구분하지 못하고 인식한 대로 작용한다. 욕망과 저항이 포함된 긍정적 신념이나 부정적 신념은 하나의 정보 프로그램에 지나지 않는다. 특히 부정적 신념은 바이러스에 걸린 데이터와 같다. 그래서 원하는 대로 작동하지 않는 것이므로 리세팅하는 작업을 통해서 새로운 환경을 만들 수 있다.

돈에 대한 부정적 프로그램을 삭제하고 리세팅한 후 최신 프로그램을 적용하면, 당신의 돈에 대한 인식이 변하고 말이 변하고 현실이 재창조될 수 있다.

당신은 돈에 대해
어떤 말을 주로 사용하는가

돈과 관련해서 당신은 어떻게 말하고 있는가? 혹시 돈이 없어서 죽겠고, 돈 벌기가 힘들고 어렵다고 말하고 있지는 않은가? 당신이 하고 있는 말은 몸과 마음에는 물론 돈과 관련해서도 영향을 끼친다. 말하기는 현실을 경험하는 데 강력한 영향을 준다.

TV를 볼 때 우리는 리모컨을 눌러 주파수를 맞추고, 그렇게 선택한 채널이 화면에 나타난다. 우리가 말을 하면 말이 전달하려는 주파수의 파동이 세상과 연결되어 현실이 펼쳐지는 것이다. 당신이 '드라마를 봐야지' 하고 일찍 집에 들어갔는데 갑자기 가족 중 누군가 뉴스를 틀어서 보려고 할 때 당신 생각을 말하지 않고 그냥 둔다면 어떻게 될까? '드라마를 보고 싶다'는 생각만으로는 원하는 현실로 연결되지 않고 뉴스를 보게 되는 원치 않은 현실을 경험하게 된다. 그래서 '말하기'란 '행동하기'의 범주에 들어가는 것이다. 꼭 기억하라. 돈에 대해 긍정을 말하면 돈은 당신에게 긍정을 경험하게 해줄 것이다.

만약 타인과 자신에 대해 장점을 보고 그것을 인식하며 말하는 것을 훈련한다면, 하면 할수록 그것에 대한 파동이 커져 전파가 강력해진다. 장점을 바라보는 방송을 전파로 쏘면 그 장점이 발현되며, 그로 인해 강해진 진동은 타인이 나의 장점을 바라보는 경험으로도 발현된다. 예를 들어 내가 상대방에게 "당신은 참 멋져요"라고 말했을 때 그 장점에 대한 플러스(+) 진동의 에너지가 생긴다. 그 플러스는 다시 장점을 말한 당신에게 더욱 강화된 진동으로 돌아온다. 플러스와 플러스가 만나서 투 플러스(2+)가 되고, 그 진동은 계속 강화되면서 더 크게 돌아온다.

반대로 "당신은 틀렸어요"라며 상대방의 단점을 지적하면 지적받은 상대는 위축감이 들고 수치심, 저항감 등을 가질 수 있다. 상대의 마이너스(-) 진동 에너지가 단점을 말한 당신에게는 투 마이너스(2-)의 진동으로 연결될 것이며, 당신은 그 파동 속에 마이너스를 삶에서 계속 경험하게 될 것이다. 생각하고 말하는 대로 파동이 연결되고 전파가 강해져 그 조건에 맞는 에너지체와 결합하기 때문에 그것을 현실에서 경험하게 되는 것이다.

강화를 위한
주문

"선생님, 눈이 반짝반짝하면서 정말 예쁘게 생겼어요." 이런 말을 반복하면 시냅스가 강하게 진동해서 진짜로 예뻐진다. 그래서 열 번 찍어 안 넘어가는 나무 없다고 하는 것이다.

우리 센터에 오는 사람들 중 타인에게 인정받고 싶은 신념을 가진 사람들은 아이러니하게도 각 분야의 정상에 있는 전문가들이 많다. 이런 분들에게는 주로 "나는 나를 인정한다"라는 말을 반복하는 숙제를 내준다. 하루 종일 그 말을 스스로에게 되풀이해서 말하는 것이다.

특히 이것이 제대로 강화되기 위해서는 이유를 다는 것이 좋다. 코가 잘 생겨서 잘났고, 마음이 예뻐서 잘났고, 눈이 반짝여서 잘났다는 식으로 이유를 찾아오게 한다. 처음에 자신의 장점을 찾아오라고 하면 잘 모르겠다는 사람들이 나중에는 100가지씩 써오도록 시켜도 금세 다 쓴다. 시냅스가 강화되었기 때문이다.

많은 사람들이 행복을 위해 기도를 하거나 여러 가지 노력을 기울이고 있지만 현실이 크게 변하지 않는 것은 직접 돈을 벌기 위해 구체적인 행동을 하지 않기 때문이다. 생각만 계속하는 것으로는 현실이 변하지 않는다. 행동하지 않는 생각은 현실로 가지 못하고 생각 속에서만 머물기 때문이다. 이것을 흔히 '망상'이라고 한다. 해석하면 '망망대해를 떠도는 생각'이다.

한편 행동을 하더라도 도착지를 정하지 않고 길을 떠나면 도착점이 어디인지 알 수 없기 때문에 현실로 이뤄지지 않는다. 가는 곳이 어디인지 알 수 없어서 우왕좌왕하게 되니 당연한 결과다. 행동에 옮길 때는 명확한 행선지를 정하는 것이 우선돼야 한다. 많은 사람들이 물질적인 부분을 추구하지만 오직 행동하는 자만 원하는 것들을 이루며, 현실에서 만족감과 성취감을 느끼며 행복을 누릴 수 있다.

행동하기 위해 첫 번째로 할 것은 자신의 생각을 잘 정리하고 목표를 설정하는 것이다. 자신이 왜 그 목표를 원하는지, 그리고 그것을 이루기 위해 무엇을 해야 하는지 정한 후 행동해야 한다.

Key Action 06

돈에 대한 부정적,
긍정적 생각을 말로 내뱉기

이번 액션의 목적은 무의식에 담겨 있는 저항과 욕망을 자각하는 것이다. 우선 거울을 준비한다. 자신의 사진을 이용해도 된다. 뇌가 인식하는 데 좀 더 도움을 주기 위함이다.

1단계 : 돈에 대한 나의 부정적 생각들을 말로 내뱉는다.

한 문장에 다섯 번씩 말한다. 말할 때 포인트는 감정을 담는 것이다.

"돈 벌기는 참 힘들어."
"부자들은 인간성이 별로야."
"돈이 너무 많아도 피곤해."

잠시 눈을 감고 앞의 액션 활동에서 썼던 것을 말로 내뱉었을 때 어떤 느낌이었는지 자각해보자. 자신이 쓴 글이 본인의 생각과 감정이 어떤 영향을 끼쳤는지, 또 지금까지 어떤 감정으로 저장돼왔는지 추적해본다.

2단계 : 돈에 대한 나의 긍정적 생각들을 입으로 내뱉어본다.

한 문장에 다섯 번씩 감정을 담아 말한다.

"돈으로는 뭐든 할 수 있어."

"돈이 최고야."

"돈은 많으면 많을수록 좋아."

1단계와 마찬가지로 잠시 눈을 감고 어떤 느낌이었는지 자각해본다. 이제 당신은 눈치를 채야 한다. 긍정을 말하든 부정을 말하든 가슴 한쪽에서 올라오는 불편함이 있다는 사실을 말이다. 이렇듯 긍정을 말하면서도 불편하고 미묘한 감정들이 올라오는 것을 경험하는 것이 중요하다.

Key Action 07

돈에 대한 새로운 정보 받아들이기

이번 액션은 자신이 돈을 통해 이루고 싶은 것을 자각하는 것이 핵심이다. 버그(저항감) 없이 순수하게 원하는 것을 자각하고 훈련하면 자신이 원하는 삶을 살 수 있다.

돈에 관한 말을 들었는데 혹시라도 부정적인 마음이나 불편함이 올라온다면, 부자에 대해 불분명한 견해를 가지고 있기 때문이다. 그런 불분명한 견해는 삶에 아무런 변화도 주지 않을 것이다. 그러니 스스로 진심으로 원하는 것이 무엇인지 명확하게 밝혀야 한다.

1단계 : 내가 '돈에 대해 듣고 싶은 말' 쓰기

내가 타인에게 듣고 싶은 말을 3~5가지 쓴다.

"집이 참 좋네요."
"자동차가 멋져요."
"귀티 나네요."

2단계 : 내가 듣고 싶은 말을 들을 만한 롤 모델 찾기

"집이 참 좋네요"라는 말을 듣고 싶다면, 내가 살고 싶은 집에 살고 있는 사람을 찾는다. "자동차가 멋져요"라는 말을 듣고 싶다면, 내가 타고 싶은 차를 타는 사람을 찾는다. "귀티가 나네요"라는 말을 듣고 싶다면, 귀티가 나는 부자 관상의 인물을 찾는다.

3단계 : 롤 모델에게 진심으로 축복하며 말하기

인생의 롤 모델을 가진 사람은 많지만, 돈에 관한 롤 모델을 가진 사람은 별로 없다. 지금부터 롤 모델을 가지라고 하면 '정주영' 같은 사람을 언급하기도 한다. 그런데 그런 사람을 롤 모델로 삼으면 나와 괴리감이 느껴지므로 효과가 떨어질 수 있다.

지인 중에 돈을 잘 쓰고 잘 관리하는 사람이 있다면 그 사람을 롤 모델로 삼아 인형에 그 사람의 이름을 붙여보자. 뇌는 물질을 보면 시뮬레이션을 훨씬 더 강력하게 해준다. 예를 들어서 '김성현'이라고 써서 붙인 다음 이렇게 말해보자.

"돈을 잘 벌기도 하고 잘 쓰기도 하는 김성현은 정말 멋져!"
"돈을 가치 있게 쓰는 김성현은 정말 대단해!"

인형이 없다면 베개를 세워놓고 해도 좋다. 이때 감정을 담아 실제처럼 해야 뇌가 그 진동을 기억한다. 물론 그 롤 모델이 아는 사람이라면 직접 만나서 말하는 것이 더 효과적이다.

4단계 : 내가 돈에 대해 이룬 상태 적기

(　　　)평 아파트 구입

(　　　)차 구입

(　　　)채 상가, 건물 구입

(　　　)원 저축

(　　　) 투자로 (　　　)배 수익

5단계 : 내가 지지받거나 축복받고 싶은 대상 정하기

첫째, 엄마

둘째, 친구

셋째, 배우자

넷째, (　　　)

6단계 : 나를 축복해줄 대상의 이름을 인형에 붙이고 실제 만난 것처럼 말한다.

이때 핵심은 감정을 담아 말하는 것이다.

"나 (　　　)평 아파트 구입했어."

"나 (　　　)차 구입했어."

"나 (　　　)채 상가, 건물 구입했어."

"나 (　　　)원 저축했어."

"나 (　　　) 투자로 (　　　)배 큰 수익을 얻었어."

7단계 : 이룬 것처럼 상상하기

당신이 듣고 싶은 말을 들을 수 있는 빠른 방법은 그 말을 하며 사람들을 축복하는 것이다. 내가 원하는 것을 이룬 상태를 계속 말하면서 실제로 이룬 것 같은 상상을 한다. 우리의 생각, 말, 행동은 모두 파동으로 저장되며 그것이 반복될수록 파동은 강력해진다.

(   )평 아파트 구입 : "아파트를 참 잘 지었어. 살기가 참 좋아."

(   )차 구입 : "차를 보면 기분이 좋아."

(   )채 상가, 건물 구입 : "건물주가 되니 참 좋아."

(   )원 저축 : "(   )만큼 있어 든든하네."

(   ) 투자로 (   )배 수익 : "투자해서 수익이 나서 참 좋아."

8단계 : 이제 실제로 행동으로 옮기러 간다.

고고(GoGo)!

돈에 관한 정보가
돈에 대한 신념을 만든다

세상과 소통하고
내면과 소통하다

지금까지 우리가 했던 액션 프로그램들은 무엇을 위해 돈을 버는지 명확하게 하는 작업이다. 이때 사람들에게서 나오는 기본 욕구는 의식주다. 죽을 때까지 생존이 보장되는 것이 첫째다.

생존이 해결되고 나면 그다음 단계는 사랑이다. 따라서 어떤 사람들은 동물을 키우며 사랑을 경험하고, 어떤 사람은 꽃을 기르며 자신의 사랑을 경험하고, 어떤 사람은 이성이나 자신을 통해서 사랑을 경험한다. 사람들은 세상과 소통하고 자신의 내면과 소통하고 숨을 쉴 수 있는 공간을 만들길 원한다.

대체적으로 그다음은 재미있고 흥미로운 것을 찾는데, 그래서 여행을 원하게 된다. 새로운 환경에 가면 새로운 호르몬이 나오고 엔도르핀이 솟아나니까 그럴 것이다. 그런데 돈이 없으면 여행이 생존 전쟁으로 변질될 수 있다. 빡빡한 일정의 패키지 관광과 리조트에서 쉬는 여행은 다르다. 어떤 패키지 관광은 쇼핑센터를 몇 군데 들러야 하고 새벽 4시에 일어나서 치열한 일정을 소화해야 한다. 반면 여유 있는 여행은 생존 전쟁이 아니라 삶의 휴식이 된다.

이것들이 해결되고 나면 가슴을 채울 수 있는, 사랑을 나눠줄 수 있는 곳, 즉 고아원이나 종교단체 등에 각종 후원을 하게 되는 것이다. 그리고 나서는 자신의 내면세계를 정화하고 확장할 수 있는 기도나 명상을 하게 된다.

'지금보다
더 나은 걸 원해'

미국의 선교단이 처음으로 에티오피아를 방문했을 때의 일이다. 그들은 기아에 굶주린 원주민을 보고 안타까운 마음이 들어 뭔가 도와줄 것이 없냐고 물었다. 그러나 원주민은 "우리는 너무나 행복해서 더 필요한 것이 없다"고 했다.

선교단은 그곳을 떠날 때 TV를 선물했다. 세월이 흘러 1년 후에 다시 그곳을 방문했을 때 그곳 사람들은 자신들이 너무나 비참하고 불쌍하다며 도와달라고 이야기했다. 왜냐하면 선교단이 선물해주었던 TV를 보면서 얻은 정보를 통해 상대적 빈곤감을 느꼈기 때문이다. 너무나 행복해서 더 필요한 것이 없었던 그들은 세상의 수많은 정보들에 노출됨으로써 자신들이 비참하다고 생각하게 된 것이다.

자신의 현실보다 더 나은 것을 추구하는 것은 아주 자연스러운 일이다. 그런데도 불구하고 TV를 보며 '멋진 자동차를 가지고 싶다'는 생각이 들 때 '나는 그러면 안 된다'고 스스로 비난하기도 한다. 자신이 뭔가를 원할 때 주변 눈치를 보며 죄책감을 느끼는 것이다. 자신을 욕망과 바람이 없는 청빈하고 반듯한 사람으로 규정하고, 그 틀 속에서 자신이 풍요를 누릴 수 없도록 정의를 내리면서 규정 속에 자신을 가두어버리는 것이다.

'무엇을 원하고 어떻게 살고 싶은가'를 스스로 물어보라. 돈이 많아 풍요를 누린다면 그것이 정말 잘못된 것인지도 함께 말이다. 햇빛이 누구에게나 공평하게 비추는 것처럼 이 우주는 원하는 것을 창조할 수 있는 에너지로 가득 찬 곳이라는 것을 기억하라.

당신이 물질에 대한 자세를 우호적으로 취하면 물질적 삶에 긍정적인 영향이 나타난다. 물질적인 부족함을 느끼지 못하고 살다가 다른 사람들이 누리는 물질에 관한 정보를 인식하는 순간, 우리는 상대적 빈곤감을 느낀다. 마치 회사의 사장님이 당신에게 보너스를 100% 주었을 때 감사한 마음이 충만했다가, 옆자리 직원이 200% 받은 것을 알게 된 순간 사장님에게 감사한 마음 대신에 서운하고 화가 난 마음이 생기는 것처럼 말이다.

물질 세상에서
돈에 관해 공부하기

돈에 대해서도 우리는 공부하고 배워야 한다. 돈을 다룬 경제 서적들은 많은 데 반해, 실질적으로 '돈'을 배우기는 어려운 것이 현실이다. 부모님이나 학교, 친구, 매스컴 등을 통해서 유입된 돈과 물질 정보만 가지고는 제대로 돈과 우호적 관계를 맺기가 어렵다.

왜냐하면 돈에 대해 잘 알고 있는 사람이 드물기도 하지만, 돈에 대해 잘 아는 사람이 있다고 해도 그 비법을 쉽게 전수해주지 않기 때문이다. 만약 운이 좋아 비법을 전수받는다 해도 각자가 세상을 통해 유입한 정보와 경험, 즉 시냅스가 모두 다르기 때문에 부의 비법을 공유하기는 매우 힘들다.

우리는 돈이 삶의 필요조건이라는 것을 알고 있다. 그러나 돈에 대해서 불편해하는 마음과 함께 돈이 필요한 만큼 있었으면 좋겠다는 마음을 동시에 가지고 있다. 게다가 사람들은 정작 무엇을 위해 돈이 필요한지 명확히 인식하지 못하는 경우가 많다.

원하는 '부'를 위해
원하는 '정보' 수집하기

우리가 삶에서 경험하는 것은 주변 환경의 영향이 크다. 돈에 관한 정보 유입에 불안감을 가진 부모나 배우자, 친구가 큰 영향을 끼친다. 당신이 그들의 생각에 동조해 주파수를 맞추는 순간 그들과 비슷한 삶을 경험하게 된다.

돈에 대해 부정적 관념을 가진 사람과 교류하면 부정적인 영향을 받게 되며, 당신의 삶은 돈과 멀어지는 경험을 하게 된다. 당신이 원하는 삶을 펼치고 싶다면 긍정적 관념을 가진 사람과 교류해야 한다.

우리는 듣고, 보고, 생각하고, 말하는 것을 통해 물질에 대한 통합적 관점을 가지게 된다. 생각을 저장하는 뇌는 듣는 것, 보는 것, 생각하고 말하는 것을 모두 정보로 인식한다. 하지만 강력한 감정을 가지고 인식된 정보가 강력한 진동수를 가지므로 그 파동은 당신의 전반적 삶에 영향을 준다.

TV 드라마에서 주인공이 화가 나서 술을 마시거나 물건을 부수는 장면들이 나왔을 때 그것을 보는 사람들이 그 장면을 정보로서 강하게 인식하면, 그는 평소에 화가 나는 일이 생길 때 주인공과 같은 행동을 할 것이다. 그러한 정보가 뇌에 저장되었다가 그렇게 해야 하는 것으로 뇌에서 인식하여 경험에 사용하게 되는 것이다. 그런데 반대로 TV 속 주인공이 화가 났을 때 명상을 한다면 당신은

'화가 났을 때는 명상을 하는 것'이라고 인식하여 그렇게 행동할 것이다. 이것이 바로 우리가 인식한 정보가 현실로 경험되는 예다.

그렇다면 당신의 부모님은 돈에 대해서 어떻게 이야기하고, 당신은 그것을 어떻게 인식했을까? 당신은 돈에 대해서 부정적 정보든 긍정적 정보든 강력한 인식을 통해서 현실에서 그것을 경험한다.

만약에 원시인 부자라면 무엇을 하고 싶을까? 고인돌을 살지도 모르겠다. 외계인 부자라면 무엇을 하고 싶을까? 우주선 쇼핑을 하지 않을까?

갑자기 1천만 원이 생기면 프랑스인은 여행을 가고 한국인은 땅을 산다고 한다. 이와 같이 돈에 대해 어떠한 정보를 받아들이는지가 삶에 직접적인 영향을 끼쳐 현실에서의 자기 삶을 설계하게 된다.

이미 당신은 물질적 풍요를 선택했기에 지금 이 책을 읽고 있다는 사실을 인식해야 한다. 당신은 물질에 관련된 시스템을 이해하고 물질적 관념을 정돈하여 원하는 삶으로 재설정하게 될 것이다.

당신이 무엇을 하겠다는 목적은 당신을 그곳으로 안내하는 지표다. 이제 당신은 과거의 정보와 경험에 대해 인식함으로써 지금의 삶을 경험하고 있음을 자각했을 것이다. 당신은 새로운 정보를 유입하고 선별적으로 강화시키는 과정을 실천함으로써 원하는 삶으로 갈 수 있다. 우리의 목적은 '물질과 정신의 균형 잡힌 풍요'다.

Key Action 08

원하는 부를 위한 정보 유입하기

당신이 원하는 부를 위해 원하는 정보를 수집해야 한다. 그러면 내가 원하는 '부'에 대한 시냅스를 강화하고 '부'에 대한 관점을 전환할 수 있다. 다만 부정적인 시각이나 생각이 아닌 긍정적인 관점이 중요하다.

- 자신이 원하는 부의 사례가 담긴 책을 읽는다.
- 자신이 살고 싶은 지역이나 집의 사진을 보면서 부의 시냅스를 강화한다.
- 자신이 사고 싶은 물건에 대해 정보를 수집하고 그에 대해 입체적으로 기억한다.
- 부에 대한 영상을 보면서 감정을 가지고 상상한다.

생각의 그물에 어떤 신념이 걸려 있나

생각은 계속 리마인딩되어 강화된다

우주에는 인드라망('인드라의 그물'이라는 뜻으로, 세상사 모든 것이 다 연결되어 서로 밀접한 관계를 이루고 있다는 의미)이 있으며, 내 안에는 생각의 그물망이 있다. 나에게 노출되는 많은 정보 중에서 강하게 인지한 무언가가 나의 그물에 걸린다.

부모님 사이가 좋았는데 돈이 많이 생기고 나니까 갑자기 권력 다툼이 시작되었다고 가정해보자. 서로 물질에 대한 우위를 다투면서 아버지는 "내가 벌었으니 내 거야"라고 하고 어머니는 "아니야, 우리는 부부니까 우리 거야. 그러니 나도 그 돈을 쓸 권리가 있어"

라면서 다툼이 벌어진다. 이것을 보고 자란 자녀는 '아, 돈이 사람을 굉장히 불행하게 하는구나'라고 생각한다. 그리고 비슷한 상황을 직면할 때마다 그 생각은 계속 리마인딩되어 강화된다.

부모님이 돈 때문에 싸웠던 기억이 있다면 싸운 이유를 알아야 한다. 아버지가 어머니에게 "당신은 맨날 쇼핑만 하냐?" 하면서 싸웠던 장면을 기억하지만, 사실은 돈이 생기니까 아버지가 바람을 피웠고 어머니는 홧김에 쇼핑을 했을 수도 있다. 돈을 둘러싼 복수혈전이나 힘겨루기였을 수도 있지만, 이것을 부부 사이의 에너지 다툼이라고 생각하지 않고 아이는 '돈 때문'이라고 생각하는 것이다. 사실은 돈은 책임이 없지만 돈에게 책임 전가를 하는 것이다.

그리고 TV 드라마에서 사람들이 돈 때문에 싸우는 장면을 보며 부정적인 생각이 강화되어 '돈은 불행한 거야'라는 신념이 생긴다. 내 생각의 그물 안에 그러한 인식의 물고기를 하나 집어넣는 것이다. 그 물고기는 플러스 신념일 수도 있고, 마이너스 신념일 수도 있다. 처음에는 그물을 빠져나갈 수도 있었던 작은 물고기였지만, 그 생각이 거듭되면 거듭될수록 에너지는 커져간다. 물고기를 내 안의 어항 속에 집어넣고 비슷한 상황을 볼 때마다 강화시켜서 큰 물고기로 키우는 것이다.

정보가
내 그물망에 걸리면

똑같은 상황에서도 바라보고 생각하는 방향에 따라 에너지의 파동이 다르게 형성된다. 아버지가 술을 많이 마시고 자주 엄마를 때렸다고 가정해보자. 그걸 보고 어떤 아이는 아버지가 나쁜 사람이라고 생각하고, 어떤 아이는 '어머니를 때린 아버지를 가만두지 않겠다'고 생각하고 아버지를 적군으로 간주하고, 어떤 아이는 '엄마를 지켜주고 말리라'고 생각하면서 정의의 기사가 된다. 또 어떤 아이는 '엄마를 지켜주지 못한 나는 가치 없는 존재야'라고 생각하고 무기력하고 힘없는 사람이 된다.

이렇게 강력하게 형성된 파동에서 다른 에너지장으로 바꾸는 것은 하늘에서 별따기만큼 어렵다. 자신도 모르게 스스로 만들어놓은 에너지의 방향대로 살아가게 되는 것이다.

'내가 무엇을 강력하게 인식하느냐'가 나의 현실을 만든다. '무엇을 생각하느냐'는 '어떻게 살아가는가'를 결정한다. 물론 생각은 자유다. 그러나 당신이 어떤 것을 강력하게 인식하면 그것을 통해 현실로 만들어진다. 무언가 인식한다는 것은 그것이 자신의 그물망에 걸린다는 뜻이다.

뇌 안의 뉴런(신경세포)들이 서로 연결되어 시냅스가 그물망을 형성하면 에너지장이 모인 자신만의 고유한 어항이 생긴다. 그 후로는 내가 인식을 통해 잡은 물고기들이 함께 살아가는 것이다.

당신이 강력하게 인식한 것일수록 그것이 마이너스 신념이든 플러스 신념이든 물고기는 더 크게 자라며 당신의 어망 속에서 자리를 잡고 살아갈 것이다. 이것은 시장에 가서 집에 있는 냉장고 안에 무엇을 채울 것인가 선택하는 것과 같다. 만약 당신이 자신의 불안, 불만, 죄책감, 눈치 보기로 냉장고를 채웠다면 그 재료로 음식을 하고 매일 그것을 먹으면서 생존할 수밖에 없다.

당신 안의 돈에 대한 인식의 그물망에 어떤 물고기를 낚아 어항을 채울 것인지는 당신이 결정하는 것이다. 강력하게 인식한, 돈에 대한 당신의 생각은 과연 무엇인가? 당신의 그물에 걸린 그 돈에 대한 인식은 당신과 함께 당신 안의 어항 속에서 살게 될 것이다.

내 안의 마이너스 물고기를
찾아서 밖으로 내보내라

돈을 통해 당신이 원하는 삶이 있다면 그것을 생각의 그물망에 새롭게 가져오라. 그 생각이 강력하다면 당신의 어항 속에서 크게 자라 언제나 당신과 함께할 것이다. 그리고 원치 않는 돈에 대한 삶의 인식이 있다면 그것은 그물 밖으로 내보내야 한다. 그렇게 하면 물질에 대해 당신이 원하는 삶이 스스로의 선택에 의해 펼쳐지게 된다.

어릴 적 엄마 손에 이끌려 피아노를 시작했던 사람이 있었다. 지금은 유명한 피아니스트인데도 그녀는 '내가 왜 이걸 하고 있지? 정말 모르겠어'라며 그냥 하고 있을 뿐이었다. 그러면서 그녀는 엄마에게 끌려가서 억지로 피아노를 배웠고 그런 자신이 불행하다고 생각했다.

그녀는 센터에서 자신의 마이너스 물고기를 찾아내는 프로그램을 체험한 뒤 진정한 피아노의 음률을 만났다. 음악이 처음으로 들리기 시작했고 그 후로는 삶이 밝아지고 새로운 신념을 가진 사람이 되었다. 어떤 이들은 나에게 최면술을 썼냐고 농담을 하지만, 나는 그저 그 사람 안에서 자기도 모르는 사이에 한없이 커져버린 마이너스 물고기를 직면하게 하고 원하는 것이 무엇인지 찾을 수 있도록 안내해준 것이다.

Key Action 09

함께할 신념, 내보낼 신념

당신이 원하고 함께하고 싶은 신념과 그물 밖으로 내보낼 신념을 구분해보자.

1단계 : 당신이 원하고 함께하고 싶은 신념은 무엇인가?

(예시) 사랑, 감사, 풍요, 희망, 번영, 행복, 부, 나눔

2단계 : 당신 안에서 내보내고 싶은 신념은 무엇인가?

(예시) 원망, 두려움, 억울함, 절망, 슬픔, 가난, 미움

Money
Shadow

돈을 있는 그대로
보지 못하는 이유

괜찮다고 하면
진짜 괜찮은 줄 안다

자신의 진짜 욕망을
마주하라

대체적으로 트라우마들은 불합리를 겪었을 때 겉으로는 '예스'라고 하지만 내면으로는 '예스'라고 하지 못하는 상황일 때 벌어진다.

여진 씨의 인상은 정말 맑고 예쁘게 생긴 지적인 여자였다. 우리 센터에 처음 방문했을 때 그녀는 단아함을 더욱 돋보이게 해주는 모자를 쓰고 있었는데, 알고 보니 원형탈모증 때문이었다. 그녀를 짓누르는 마이너스 에너지는 무엇일까 궁금해하면서 이야기를 나누었다.

어릴 때부터 '착하다'는 소리를 많이 듣고 자란 여진 씨는 자신을 착한 사람으로 규정하고 자기표현을 정확하게 하지 않았다. 어머니는 아버지만 보면 "돈 달라"는 소리를 하곤 했는데, 하루는 아버지가 "당신은 내가 돈으로 보여? 왜 나만 보면 돈을 달라 그래?"라고 말했다. 그걸 본 후부터 '나는 절대로 아빠에게 돈 달라고 하지 말아야지'라고 결심했다. 아버지가 이거 해줄까, 저거 해줄까 물어봐도 "저는 필요없어요. 괜찮습니다"라고 말했다. 사실 여진 씨 아버지는 큰 사업체를 운영하고 있어 돈이 많았다.

그녀의 남동생은 백수로 놀고먹으며 지냈는데, 걱정이 됐던 아버지의 주선으로 의사와 결혼하였다. 그 의사 올케는 결혼 후 자신의 생각보다 돈이 엄청나게 많은 집이라는 사실을 깨닫곤 일할 필요가 없겠다고 생각해 일도 그만두었다.

여진 씨는 어느 날 아버지가 올케에게 생활비를 보내주는 통장 내역을 우연히 보게 되었다. 거기다가 쇼핑하라며 카드까지 주는 걸 보고 놀라서 "카드는 안 돼요"라고 제지했는데, 아버지는 "뭐, 어떠니. 써봐야 얼마나 쓰겠니?"라며 아무렇지 않게 말했다. 어릴 적부터 아버지한테 돈 달라는 말을 자제해왔던 여진 씨는 그 말에 충격을 받고 머리카락이 빠지기 시작했다.

'나는 착하다'는 정보가 강한 지지를 받고 시냅스를 연결해가고, 돈을 원하는 자신의 욕망을 표현하지 않겠다는 시냅스가 연결되어 강화되다가, 진짜 자신의 욕망을 마주하면서 충돌이 일어나 원형탈모증이 생긴 것이다.

나에게 코칭을 받은 여진 씨는 자신에게 정직해지기로 했다. 이

후 그녀의 아버지는 딸을 위해 예쁜 집을 지어주었으며 회사도 물려주었다. 그녀의 신념체계에서 엉켜 있는 돈에 대한 개념 정렬이 이루어지고 나서 일어났던 일들이다.

돈이 있어 괜찮다고
당당하게 말하라

생선을 먹을 때면 대가리만 먹던 어머니가 있었는데, 성인이 된 아들이 아픈 어머니를 위해서 어렵사리 한 접시 가득 대가리만 모아서 드렸다는 이야기가 있다. "어머니가 좋아하는 생선 대가리예요. 맛나게 잡수시고 기운 차리세요" 하면서 말이다.

우리는 늘 습관처럼 "괜찮다"고 말한다. "난 괜찮아. 없으면 어때." 그런 말로 자신의 마음을 감춘다. 이런 말들을 통해 돈에 대한 자신의 상황을 숨겨버리는 것이다. 진짜 감정은 속에 숨긴 채 타인에게 '괜찮다'며 살아간다.

그러면 왜 '안 그런 척하기'로 진짜 감정을 속여왔던 것일까? 아마도 타인과 자신에게 지금의 상황을 받아들이기 싫었기 때문이었을 것이다. 또 어쩌면 위축되기 싫어서 자신의 모습을 애써 태연한 척하며 속여왔을 것이다. 왜 그렇게 속여야 했을까? 그것은 물질에 대한 열등감과 저항 그리고 무능력을 타인에게 드러내지 않기 위함이다.

혹시 당신은 부모님이나 연인이 "뭐 갖고 싶어?" 하고 물어보며 뭔가를 선물해주고 싶어 할 때 "괜찮다"라고 대답한 적 없는가?

이때 "괜찮다"고 대답했다면 그들은 자신들의 머릿속 정보망에 '○○은 받는 것을 좋아하지 않는 사람'이라고 입력할 것이며, 더 이상 무엇인가를 해주려는 마음을 갖지 않게 될 것이다.

반면 감사한 마음으로 기쁘게 받았다면 그들은 당신이 좋아하는 것을 주고 싶은 마음을 가질 것이다. 또 당신에게 그것을 해주며 기쁨을 느낄 것이다.

우주도 당신에게 이와 같은 마음을 갖는다. 당신이 어떤 것이 괜찮은 상태인지 명확하게 자각하고 요청하면 당신에게 그것을 주고 싶어 한다. '안 괜찮다'는 상황을 받아들여야 한다. 마음에서는 정말 원하면서도 괜찮다며 눌러왔던 그 상태를 벗어나야 한다. 돈이 필요하다면 돈에 대해 위축됐던 감정을 버리고 당당하게 "돈이 있어야 괜찮다"고 말하라.

안 괜찮은데 괜찮다고 하면 세상은 당신이 진짜 괜찮은 줄 안다. 당신에게 진짜 괜찮은 상황이 무엇인지 인식하지 못하고 '없어도 괜찮다'고 생각하면 돈은 결코 당신에게 다가오지 않는다. 지금 당장, 안 괜찮은 것을 '괜찮다'고 하지 않겠다고 결심하라. 원하는 것을 인식하고 그것을 소리 내어 실천할 때 진짜 괜찮은 상황이 눈앞에 펼쳐질 것이다.

'안 괜찮다'고 소리 내서 말하기

사실은 안 괜찮지만 '괜찮다'고 말해왔던 것들을 자각하고 "안 괜찮다"고 말한다. 이런 행동을 통해 돈에 관한 목표를 정확히 세울 수 있다. 혼자 소리 내어 질문하고 대답하면 된다. 이때 감정을 담아서 "아니, 안 괜찮아!"라고 크게 대답한다.

- 평생 내 집 없이 세 살아도 괜찮지?
  → "아니 안 괜찮아! 나도 우리 집 갖고 싶어."

- 내 차 없이 버스나 전철 타고 다녀도 괜찮지?
  → "아니 안 괜찮아! 나도 내 차 타고 다니고 싶어."

- 남들 해외여행 갈 때 집에 있어도 괜찮지?
  → "아니 안 괜찮아! 나도 해외여행 많이 가고 싶어."

- 사랑하는 사람이 갖고 싶은 것 못 사줘도 괜찮지?
  → "아니 안 괜찮아! 갖고 싶은 거 다 사주고 싶어."

• 자식이 뭐 사달라고 조를 때 못 사줘도 괜찮지?
  → "아니 안 괜찮아! 갖고 싶다면 다 사주고 싶어."

• 돈 없이 평생 초라하게 살아도 괜찮지?
  → "아니 안 괜찮아! 멋지고 폼 나게 살고 싶어."

• 친구가 밥 살 때 맨날 얻어먹으면서 눈치 봐도 괜찮지?
  → "아니 안 괜찮아! 나도 돈 걱정 안 하고 좋은 곳에서 밥 사고 싶어."

• 부모님 용돈 못 드리며 눈치 봐도 괜찮지?
  → "아니 안 괜찮아! 나도 부모님 용돈 많이 드리고 칭찬받고 싶어."

• 돈 아낀다고 먹고 싶은 거 못 사먹어도 괜찮지?
  → "아니 안 괜찮아! 나도 좋은 음식 편하게 먹고 싶어."

• 갖고 싶은 거 있어도 꾹 누르며 아쉬워해도 괜찮지?
  → "아니 안 괜찮아! 갖고 싶은 것 돈 걱정 없이 사고 싶어."

• 몸이 아파도 생계에 매달려 병원 못 가도 괜찮지?
  → "아니 안 괜찮아! 아프면 병원 가고 힘들면 쉬고 싶어."

• 평생 빚지고 살아도 괜찮지?
  → "아니 안 괜찮아! 통장에 현금이 많았으면 좋겠어."

• 기부하고 싶어도 돈 없어서 못 해도 괜찮지?
  → "아니 안 괜찮아! 기부하면서 남들 도와가며 살고 싶어."

• 배우고 싶은 게 있어도 돈 없어서 못 배워도 괜찮지?

→ "아니 안 괜찮아! 뭐든 배우고 싶으면 다 배웠으면 좋겠어."

• 돈 없어 궁색하게 살아도 괜찮지?

→ "아니 안 괜찮아! 돈이 많아서 풍요롭게 누리면서 살고 싶어."

당신이 안 괜찮으면서도 괜찮다고 눌러왔던 진짜 마음은 무엇인가?

돈에 관한
원한

빼앗김과
약오름의 파장

지현 씨의 아버지는 "아끼지 않으면 굶어 죽어", "이렇게 전깃불 다 켜고 살면 우린 망한다", "땅을 파봐라. 십 원 한 푼 나오나"라며 늘 돈을 아껴야 한다고 말했다.

또 고향에 가면 이미 다른 사람들이 다 살고 있는 땅인데도 "여기도 예전에 우리 땅이었어", "저기도 우리 땅이었어"라고 말했다. 할아버지가 재산이 많았는데 제대로 관리하지 못해서 다 뺏겼던 경험 때문에 지현 씨의 아버지는 돈에 대한 불안감을 갖게 된 것이다.

그분은 현금으로 1억 원은 항상 구비해놓아야 안전하다는 생각을 갖고 있다. 그래서 연금도 나오고 작은 빌딩도 갖고 있지만 "나는 하루에 5천 원 이상은 안 써"라며 늘 검소하게 산다. 남들 다 가는 해외여행은커녕 국내 여행도 안 간다. 그분은 재산과 상관없이 가난한 삶을 살고 있는 사람인 것이다. 가난하게 사는 사람과 그의 일상은 구별되지 않는다.

심하진 않았지만 지현 씨도 어릴 적부터 아버지에게 듣던 소리가 저장되어서인지 '빼앗김'의 원한을 다소 갖고 있었다. 그런 그에게 물었다.

"그 땅 지현 씨 땅인가요? 그 땅은 누가 뺏긴 거죠?"

"……."

"당신이 뺏긴 건가요? 지현 씨가 아니라 할아버지가 뺏긴 거죠? 당신 돈 맞나요?"

"……."

"빼앗겼다고 생각하는 지현 씨 아버지에게 '아버지 돈은 당신 돈인가요? 그러면 당신 돈은 자식들 돈인가요?'라고 물어보면 뭐라고 대답하실까요?"

"아니라고 하시겠죠."

이후 그는 다시는 할아버지의 땅에 대해서 말하지 않았고, 빼앗김의 원한도 사라졌다.

아마도 지현 씨 아버지는 그 이야기를 할머니에게 들었을 것이다. "우리가 재산이 많았었는데 그걸 지키지 못했어. 너희 아버지가 다 말아먹었어"라는 식으로 할머니는 반복해서 말했을 것이고, 지현 씨 아버지는 그걸 원한으로 품게 된 것이다.

빼앗김의 정보가 들어온 순간 스스로 파장을 만들어내서 돈의 원한이 될 정도로 에너지가 강해진 것이다. '뺏겼다'는 정보를 강한 파장으로 만들어 살아가는 것이다.

사실 아버지 돈은 자식의 돈이 아니다. 그러니 아버지가 재산을 지키지 못했다는 걸 자식이 원한으로 가질 필요가 없다. 자기 것이 아닌데 지키지 못했다는 건 말이 안 된다. 이치에 맞지 않다. 그런데도 그걸 스토리로 만들어서 강화시키다 보니 돈에 대한 원한이 생기는 것이다. 그래서 부모는 자식들에게 말조심을 해야 하는 것이다.

부모가 자식에게 "너 때문에 산다", "너 때문에 일한다"는 말을 많이 하지만 실제로 부모가 정말 '자식'만을 위해서만 사는 건 아니다. 아이를 가진 부모는 최선을 다해서 아이를 키워야겠지만, 그것을 인생의 목표로 삼으면 안 된다.

"내가 너 때문에 살아"라는 말은 주의해야 한다. 그런 말이 강화되면 그 자식은 성인이 되어도 '엄마는 나 때문에 살아야 한다'고 생각한다. 또는 부모가 자식에게 "내가 이렇게 너를 키웠으니 성인이 된 너는 나 때문에 살아야 한다"고 강요한다.

분노의 원인을 제대로 찾아야
원한을 풀 수 있다

아버지가 돈을 제대로 못 벌어서 어머니가 돈을 벌며 고생하는 모습을 보고 자란 경우, 돈에 대해 상처를 가지고 있는 사람들이 많다. 아무래도 어머니가 일을 하면 아이는 제대로 양육을 받지 못한다.

소영 씨 아버지는 소영 씨가 대학 갈 때쯤 사업하던 것이 틀어지면서 바람피던 여자와 집을 나가버렸다. 그로 인해 다른 형제들과 달리 자신은 학비를 지원받지 못해 대학을 다니면서 늘 아르바이트를 두세 개씩 했다.

그녀는 돈에 대해 화가 나 있었다. 분노의 원인은 아버지인데 분노의 에너지장이 거기서 끝나지 않고 남편에게 옮겨갔다. 그녀는 돈만 있으면 남편이 자기 옆에 있을 거라 생각했지만, 남편은 그녀가 일하러 간 사이에 바람을 피웠다.

남편이 차라리 백수였다면 힘들긴 해도 용돈을 주는 것으로 해결됐을 것이다. 하지만 사업을 하면서 진전이 없는 남편은 계속해서 소영 씨가 벌어온 돈을 탕진했다. 그야말로 밑 빠진 독에 물붓기였다. 그런데다 아버지에 이어 남편이 바람을 피웠을 때 배신감은 이루 말할 수 없었을 것이다. 소영 씨가 가진 돈에 대한 원한은 어릴 적 부모님들이 돈 벌러 나가느라 자신에게 주지 못한 '부족한 사랑'에서 비롯되었다.

원한이 사무친 돈은
나를 풍요롭게 만들지 못한다

돈이 있든 없든 대부분의 사람들은 돈에 대한 원한이 있다. 여기서 '원한'이란 억울하고 원통한 일을 당해 응어리진 마음이다.

만약 "내가 돈이 없어서 일이 안 풀리는 거야. 돈만 있으면 나에게 닥친 힘겨운 문제들은 모두 해결될 수 있어"라고 주장하는 사람이 있다면, 그는 모든 책임을 '돈'에 전가해 돈에게 악한 역할을 맡기고 본인은 선한 역할을 맡을 것이다. 자신을 피해자나 비운의 주인공으로 미화시키며 살아가겠지만, 그것이 얼마나 자신을 힘겹게 만드는지 모른다.

배우지 못한 자신의 열등감을 자식을 통해 풀려는 사람도 있다. 그러나 만약 자식이 공부에 관심이 없다면 자식과 힘겨운 씨름을 할 것이다. 설령 자식을 좋은 대학에 보낸다 해도 자신이 배우지 못했다는 사실은 변함없이 그대로이기 때문에, 그 원한은 풀리지 않을 수도 있다.

가난이 원한으로 남아 돈을 벌어 세상에 복수하겠다는 사람들은 돈이 있어도 풍요롭게 살지 못하고 타인에게 보여주거나 한을 풀기 위해 돈을 쓰며 산다. 과거의 가난하고 힘겨운 상태를 원한으로 기억하며 과거의 암울한 기억을 꺼내 반복적으로 고통을 느낄 수도 있다. 현재가 풍요로워도 그것을 누리지 못하고 과거의 가난한 상태에 메여 사는 것이다.

돈이 없음을 가난한 상태의 원한으로 인식하며 돈을 벌면, 그 돈을 써야 할 때도 '내가 어떻게 번 돈인데' 하면서 원한을 가지고 쓰게 된다. 즉 돈에 대한 원한에 사무쳐 돈 앞에 '힘들고 어렵게' 번 돈이라는 수식어가 붙어 그 돈을 쓸 때마다 불편해지는 것이다. 자식들에게 돈을 줄 때도 '힘들고 어렵게'라는 원한에 사무친 말과 감정이 함께 전달될 것이다. 그러면 자식들도 돈에 대한 죄책감이나 저항을 갖게 되며, 돈에 대한 원한은 대물림되어 따라다닐 것이다.

행복을 위해 돈이 필요하다고 생각하는 사람은 돈을 벌어 자신과 가족과 세상을 위해 쓰며 아름답게 살아갈 것이다. 하지만 돈에 원한이 있는 사람은 "불을 이렇게 켜놓으면 전기세가 얼마나 많이 나오는지 아느냐"면서 돈을 아끼지 않으면 가난해진다는 불안감을 가지고 자신과 타인이 전기 스위치를 끄지 않은 것에 대해 분노하며 살아갈 것이다.

이것은 전기를 소중히 여겨 안 쓰는 전원 스위치를 꺼서 불필요하게 돈이 사라지지 않게 절약하는 것과는 다르다. 그런 사람은 돈을 함부로 대하지 않고 소중히 여기기 때문에 돈과의 소중한 관계를 지켜갈 수 있는 것이다.

돈에 대한 원한이 돈을 통해 경험할 풍요와 행복을 막아선다는 것을 기억하라. 행복을 경험하고 싶다면 돈에 대한 원한에서 벗어나야 한다. 그리고 돈과 아름다운 관계를 맺고 함께해준 감사함을 인식한다면, 당신은 풍요의 출발점에 선 것이다.

돈에 대한 원한 알아차리기

다음 예를 참고해서 당신이 어떤 일 때문에 돈에 대해 어떤 원한을 갖게 되었는지 깊이 생각해보고 써보자.

- 돈을 빌려주었는데 받지 못했다.
- 보증을 서주었는데 타인을 대신해서 손실을 보았다.
- 투자를 해서 돈을 잃었다.
- 도박으로 돈을 탕진했다.
- 이성에게 속아서 돈을 빼앗겼다.
- 부모님 또는 조부모님이 돈이 많았는데 지키지 못했다. 그 돈을 잘 지켰다면 풍족하게 살았을 것이다.
- 과거 과다한 소비 때문에 어려움을 겪었다.
- 부모, 형제, 친구, 세상 등이 자신을 돕지 않았다.
- 학교 다닐 때 가정 형편이 어려워져 공부를 어렵게 했다.
- 부모님이 돈과 관련해 서로 비난하며 싸우는 걸 목격하며 무기력해졌다.

돈에 대한 원한 버리기

감정이 맺힌 원인이 특정한 사람이라면 "그래 그놈이 나쁜 놈이야!"(실제로는 감정이 담긴 생생한 욕을 하면 된다)라고 외치고 '후!' 큰 숨으로 뱉어내면 나쁜 놈이라는 에너지가 소멸된다. 물론 그놈이 나쁜 놈이라는 사실이 변하는 건 아니다. 갑자기 그놈이 개과천선한다는 뜻이라기보다 그놈이 나쁜 놈이라는 사실을 인정하고 내가 더 이상 영향을 받지 않는 상태가 되는 것이다. 돈에 대해서도 마찬가지다. 돈의 원한을 소멸시키는 작업이 필요하다.

1단계 : 돈에 대한 원한 버리기

앞의 액션에서 실행했던 돈에 대한 원한을 적은 종이를 찢어서 쓰레기통에 던져버려라. 이런 행동을 하는 이유는 뇌가 인식하게 하기 위함이다. 인식, 몸, 생각, 언어, 행동 등을 일치시켜서 에너지를 연결하는 작업이다.

2단계 : 돈을 통해 이룬 것에 감사하기

돈에 대한 원한을 소멸시킨 후에는, 그래도 돈이 있었기 때문에 내가 이룰 수 있었던 것에 대해서 생각해보고 종이에 적는다. 이로써 우리가 원하는 진정한 부자는 풍요로운 상태이며 자신이 하고자 하는 것에 제약을 받지 않는 상태임을 자각하게 된다. 그 결과 우리가 원하는 것을 의도하고 인식하며 선언하면 원하는 것이 이루어진다.

'부'를 원하는데
딴소리를 한다?

정확하게 집중해서 말해야
상대가 알아듣는다

"돈 없어 죽겠어"라는 소리를 자주 하는 사람이 있다. "돈이 필요해"라고 얘기해야 하는데 말은 자꾸 그렇게 나간다. 밥을 먹어야 할 상황이면 "밥 있어?"라고 말해야 하는데 "배고파 죽겠어"라고 말하는 것과 같다.

우리의 마음은 빛과 그림자가 함께 공존하며 돈의 에너지도 빛과 그림자로 나뉜다. 그림자 영역으로 말을 하면 빛의 영역으로 에너지가 돌지 않는다.

부하직원이 "부장님 힘들어 죽겠어요" 라고 말하면 상사는 '집에 힘든 일이 있나? 죽겠나? 뭐지?'라고 생각한다. 사실은 '좀 도와주세요'라고 말하는 것이다. "부장님, 이건 제가 하기로 했지만 일정을 좀 미뤄주세요" 하고 요청하는 것이다.

"부장님, 야근하느라 졸려요. 잠 좀 자고 나서 할게요"라고 하는 것이 아니라 "저 죽겠어요. 힘들어요. 미치겠어요"라고 말이 나오는 것이다. 이처럼 마이너스 에너지를 내뱉으면서 말을 정확하게 하지 않고 빙빙 돌려서 말하면 '쟤는 뭐 맨날 힘들다 그러냐. 너는 나만 보면 죽겠냐?'라고 생각할 수밖에 없는 것이다.

징징거리는 심리 밑에는 말하지 않아도 상대가 알아서 챙겨주길 바라는 마음이 있다. 그런데 말하지 않으면 상대는 알 수가 없다. 나의 경우에도 말하지 않으면 다른 사람이 내 마음을 알 수 없다는 걸 알기까지 상당한 시간이 걸렸다.

부모님은 내 마음을 알아줄 것 같고 사랑하는 사람이라면 내 마음을 알아줄 것 같지만, 갑자기 독심술 능력이 생겨서 저절로 마음을 알게 되는 일 따위는 일어나지 않는다.

마이너스 신념 패턴이 작용하는
부자 거지가 참 많다

돈이 많은데도 "돈 없어 죽겠다"는 사람은 거지처럼 산다. 일상을 절절매고 산다. 돈이 사라질까 봐 두려움에 떤다. 돈을 가지고 안달복달하는 것이다.

집을 샀는데 이사한 날 딱 하루 좋아하고 그다음부터 '관리비는 어떡하지? 세금이 많이 나올 텐데' 하고 걱정을 반복하는 사람이 있다. 그런 걱정은 집을 사기 위해 보러 다닐 때 이미 고려했어야 할 상황이다. 집을 갖고 있으면 걱정에서 벗어날 수 있다는 고정관념을 갖고 있기 때문에 집을 사긴 했는데 걱정이라는 그림자 영역이 다시 작동하는 것이다.

'건물을 사서 월세를 받으면 아무 걱정 없이 살 수 있을 거야'라고 생각했는데, 막상 건물을 사고 보니 인건비 들지 세금 나오지 대출이자 나오지, 이거 빼고 저거 빼고 해야 하니까 "남는 게 별로 없어. 나 돈 없어"라는 사람도 있다. 아무리 비용이 나가도 수익과 비용을 계산하면 그래도 플러스인데도, 마이너스 생각에 집중되어 있으면 돈이 있어도 늘 가난하게 살게 된다.

이런 마이너스 신념 패턴이 작용하기 때문에 '부자 거지'가 참 많은 것이다. 옛날 이야기에서나 들을 수 있었던 자린고비 이야기를 실제로 체화하고 있는 듯한 느낌이 드는 사람도 있다. 굴비를 천장에 매달아놓고 쳐다보기만 하면서 밥이랑 간장만 먹었다는 자린고비 이야기를 다 알 것이다. 그런 사람은 아무리 돈이 많아도 늘 가난한 마음으로 살 수밖에 없다.

그런 삶을 사는 이유는 신념 자체가 마이너스로 기울어져 있어서 "없다, 없다, 없다"를 반복적으로 되뇌기 때문이다. 마이너스 부분에만 집중하면 내가 원하는 집에 들어와 살면서도 원하는 행복을 누리지 못하고 부족감을 붙들고 계속 마음이 가난한 채로 살게 된다.

그림자에 집중하면
삶이 엉뚱한 방향으로 간다

그림자 영역이란 자신의 삶을 원하는 방향으로 나아가지 못하도록 제약하는 것을 의미하며, 그것을 찾는 것을 시작으로 우리는 빛의 영역으로 나아가야 한다. 빛의 영역이란 순수하게 원하는 것에 대해 제약이 없는 상태인데, 이러한 상태에서 자신이 원하는 것들을 편하게 이룰 수 있게 된다.

사람들이 돈에 대해서 말하는 습관을 가만히 살펴보면, 자신이 원하는 것을 말하는 대신 그것에 반대되는 것, 즉 원하지 않는 것을 말한다. 우리가 진짜 원하는 것과 다른 말을 하면서 원하는 것과 반대되는 그림자를 만들고 있는 것이다. 그러니까 돈이 있는 상황을 원하면서도 "돈이 필요하다"라고 말하는 것이 아니라 "돈이 없어 죽겠다"고 말하고 있는 것이다.

'죽겠다'를 강조하며 상황을 푸념하는 말을 반복함으로써 자신이 무엇을 원하는지를 그림자로 가리기 때문에, 시간이 흐르면 그림자가 진실이 된 양 살아간다.

만약 우리가 돈이 없는데도 불구하고 돈을 원하지 않는다면 '절대로' 돈이 없는 상황이 원망스럽거나 화가 나지 않을 것이다. 그냥 돈 없는 상황에 순응하며 '물질 없음'을 삶으로 받아들일 것이다. 물질적으로 풍요를 원하면서도 그것을 숨긴 채로 반대의 상황에 집중하여 화를 내며 원망한다면, 그 그림자가 자신의 진실이라고 여겨져 그렇게 살아가게 될 것이다.

그런 사람들은 부정적인 그림자 부분을 강조함으로써 돈이 없는 상황을 계속해서 강화시킨다. 그리고 그런 생각이 계속 반복되면 자신이 말하고 있는 뒤에 숨어 있는 '돈을 원한다'라는 사실을 스스로도 자각하지 못한다. 당신이 원하는 상황은 '돈을 갖고 싶다'이지만, 돈을 원하는 것임에도 불구하고 '돈이 없어 죽겠다'가 진실로 인식되고 만다.

연인이나 부부 사이에서도 상대에게 원하는 것이 사랑과 관심인데 계속해서 상대방에게 화와 짜증을 내며 상대를 원망한다면, 원하는 사랑과 관심을 경험할 수 없을 것이다. 그리고 상대는 원망의 대상으로 인지되어 결국 그가 원하는 '사랑받고 싶음'과는 반대인 상황이 현실로 나타날 것이다.

그렇게 되면 사랑의 대상을 자신의 적으로 간주하여 두려움, 피해의식 등을 가지고 계속해서 상대에게 화를 내며 살거나 눈치를 보면서 순응되지 않는 마음으로 살 것이다. 또 저항하는 마음으로 상대와 억지 관계를 맺으며 산다면 그것은 어쩌면 적과의 동침으로 간주될 것이다. 사랑을 나누며 살고 싶은 원래의 마음이 혼란 속 그림자에 덮인 채 빛을 원하는 자신의 삶을 잊어버리는 것이다.

사랑의 표현에 미숙하거나 부끄럼이 많은 아이들은 상대를 놀리는 것으로 관심을 표현하여 주의를 끌기도 한다. 이를 '그림자에 덮인 사랑'이라고 한다. 상대의 약점을 들추어 자신은 '갑' 자리에 놓고 상대를 '을'로 여겨 우위를 점하려고 한다면, 진심어린 사랑은 절대로 경험하지 못할 것이다.

부정적인 언어패턴은 상대에게 강한 진동을 주어 상대의 주의를 끌 수는 있지만, 우리가 겪어야 될 현실은 결국 우리를 원하는 반대 방향으로 데려갈 것이다.

'아이섀도(eyeshadow)'는 눈에 그림자를 만들어 눈을 더 크고 아름답게 표현할 수 있지만, '머니 섀도(money shadow)'는 돈에 대해 원하는 것을 그림자에 집중시켜 "돈이 없어 죽겠다"고 말함으로써 그림자에 에너지를 집중하게 하고 자신이 원치 않는 현실을 경험하게 할 것이다.

그림자 영역을
찾아내고 빠져나오기

자신이 원하는 것이 돈을 벌고 싶은 것이라면 그 생각 뒤에 있는 그림자 감정이 무엇인지를 알아야 한다. 그리고 그것에 대해 자신이 어떻게 말하고 있는지 알아야 한다.

만약 "돈을 벌어야 된다"고 말해야 하는데 "돈이 없어 힘겹다"라고 말하고 있다면, 돈을 벌겠다는 의도가 "돈이 없어 힘겹다"는 그림자 영역으로 계속 강화된다. 이렇게 한숨을 쉬며 "돈이 없어 힘겹다"라는 그림자에 집중되면, 그 힘겨움에 에너지 진동이 강화되어 돈 벌기가 더욱 어렵게 될 수 있다.

또 "나는 돈 욕심이 없다"라고 말하는 사람도 꽤 많은데, 어쩌면 그는 돈에 저항하며 돈이 없는 것을 합리화시키면서 그림자 영역이 강화된 현실을 경험하고 있는 것일지 모른다.

부자와 비교하면서 자신의 돈을 낮추며 그림자로 덮는 상황도 좋지 않다. 돈이 많은 사람들과 자신을 계속해서 비교해 상대적으로 돈이 없음을 원망하며 한숨만 쉰다면, 그 비교라는 그림자에 덮여 그는 영원히 돈에 대한 부족감을 경험할지도 모른다.

당신은 금전적으로 어떤 상황인가? 자신을 들여다보고 스스로에게 물어보라. 무엇을 원하는지 명확히 알아야 당신의 빛이 그곳을 비출 수 있다. 당신의 돈에 대한 그림자는 무엇인가? 돈에 관해서 어떤 말을 자주 하는가?

- 지금 상황 : "돈이 필요해."
- 그림자 : "돈 없어 죽겠어."

어쩌면 '돈이 많아지면 돈이 사라질까 봐 두렵고, 돈이 없으면 먹고사는 것이 어려워질까 봐 두렵다'는 것이 진짜 마음일 수도 있다. 만약 당신이 부자의 부정적인 그림자를 인식하느라 부자가 되는 것이 꺼려진다면, 당신은 원하는 대로 밝은 빛의 부자가 되면 된다.

당신이 돈을 가지는 것에 대한 두려움의 그림자에 집중한다면, 그 그림자는 당신의 돈을 사라지게 할 것이다. 돈에 대한 두려움을 가지면 돈이 있는 것도, 돈이 없는 것도 두렵기 때문에 그 그림자와 함께 경험될 것이기 때문이다.

우리는 돈의 그림자를 찾아 그것의 원인은 과거의 경험임을 인식하고, 원하는 현실이 행복과 풍요라는 것을 알아차려야 한다. 빛을 바라보며 그림자에서 나와야 한다. 당신의 진정한 풍요는 빛으로 나아갈 때 아름다운 삶으로 경험될 것이다. 돈을 통해 자신이 원하지 않는 것이 강화되지 않게 하고, 원하는 것을 인식하고 살아갈 수 있다.

돈을 부정하면
돈이 나를 밀어낸다

상당수의 대한민국 여자들이 "다시 태어나면 남자로 태어나고 싶어"라고 말한다. 어릴 적부터 딸이라는 이유로 차별을 받아본 경험이 있다면 이런 경향은 더욱 두드러진다. 이것은 자신이 여성임을 부정하면서 남자이고 싶어 하는 마음이다. 여자라는 이유로 불공평한 대접을 받는 것이 싫은 것이다. 잘생긴 사람에 대한 선호도가 있으면서 자신의 얼굴에 콤플렉스가 있을 때도 자기 부정성이 일어난다.

돈에 관해서도 마찬가지여서 우리 안에는 돈에 대한 부정성(否定性)이 존재한다. '돈이 있으면 불행하다'는 마음은 돈을 부정하고 밀어내는 힘이다. 돈이 필요하면서도 돈이 있으면 불안해하는 마이너스 심리를 갖고 있는 것이다.

돈을 '부정'한다는 것은 어떤 것일까? 돈에 대한 부정적 관념이 있는 사람들은 마치 '돈'을 어떤 마이너스 존재로 인식하며 곱지 않은 관점으로 바라본다.

만약 부모님을 부정하는 사람이 있다면 그는 자신의 근원인 부모님을 자신의 정보로 만든 관념에 따라 평가하는 것이다. '부모는 이래야 한다'는 신념 안에서 드라마와 동화책 아니면 주변인물을 조합하여 틀을 만들고 현재 자신의 부모를 인정할 수 없다고 주장하고 있을지도 모른다.

그런 사람은 자신이나 타인에 대해서도 그런 관점을 가지며 세상을 인정하지 않을 것이며, 자신의 돈에 대해서도 그러할 것이다. 돈은 이렇다는 기준을 세워놓고 그것에 따르지 않는 돈을 부정하는 것이다.

그는 돈을 벌 때도 돈에 대한 부정성을 가지고 돈을 벌며, 돈의 소중함과 귀중함을 바라보지 못하고 돈의 부정성에 집중하면서 살아갈 것이다. 부정성의 관점에서 살아가는 사람들은 집을 사는 경우에도 그림자 영역인 대출금 걱정, 세금 걱정, 관리비 걱정 등 힘겨움에 집중해 살아간다.

부정성에 집중한다면 우리의 행복은 어떤 상황에서도 존재하지 않을 것이다. 지금 있는 돈을 누리지 못할뿐더러 돈을 벌어도 행복할 수가 없는 것이다. 또한 자신의 물질적 상황을 힘겹게 만들어간다. 왜냐하면 돈에 대한 부정성에 집중하면 부정성은 더 강화되고 부정성 자체가 생명력을 갖게 되기 때문이다.

결국 있는 것도 부정하고 없는 것도 부정하며 살아가게 되는 수순을 밟는다. 돈 때문에 과거에 힘겨움을 겪었던 사람은, 돈 때문에 힘겨운 사람을 보면 자신도 모르게 그 힘겨움을 자신의 것으로 느끼며 이성적 판단이 흐려져 타인의 삶에 관여하여 자신의 돈을 내어주기도 한다.

그러나 연민의 행위가 자신의 물질적 상황을 배려하지 않은 경우이거나 타인의 의도와 자신의 의도가 정합되지 않는 경우는 마음의 상처만 남길 수 있다. 과거의 힘겨움도 부정성의 하나다. 이것이 자신의 마음속에 연민으로 남아 있다면 타인을 통해 그것을 반복적으로 경험할 수 있다.

사실 돈은
아무 잘못이 없다

우리 어머니는 '돈이 많으면 불행하다'는 신념이 있었다. 북한에서 큰 부자로 살다가 6·25 전쟁통에 도망 나와서 남한에서 가난하게 된 셈인데, 북한에서 부자들은 인민의 적으로서 처형당했기 때문에 돈에 대한 원한의 배경이 되었다. 어머니는 아직도 고향이 그립겠지만, 어릴 적 그곳에서의 경험은 '돈이 많으면 불행해진다'는 잘못된 신념을 심어주었다.

그런데 사실 돈 때문에 불행했던 것이 아니다. 국가적 전쟁 상황은 누구에게나 불안감을 주게 마련이다. 전쟁 중에 불안하지 않은 사람이 있을까. 그런데도 어머니는 돈이 많아서 도망 나온 상황에 불행이라는 신념을 붙잡은 것이다. '돈이 많으면 안 된다'는 신념이 작용하니까 결국 돈을 많이 벌어도 돈이 자꾸 없어졌다. 집이 세 채가 되면 두 채를 없애고 두 채가 되면 한 채를 없앴다. 딱 먹고살 만큼 외에는 돈을 없애버리는 상황이 반복해서 벌어졌다.

과거의 상처
자각하기

'내가 어려울 때 누군가 도와줬다면 그렇게까지 고생하지 않았을 거야'라고 생각하는 사람이 있었다. 어느 날 육교를 지나가다가 인상은 좋은데 동냥하는 젊은 거지를 보고 그는 이렇게 생각했다. '저 거지를 조금만 도와주면 공사장이라도 가서 돈을 벌 수 있을 거야. 그러면 다시 재기할 수 있어.'

그래서 그는 멈춰 서서 거지를 돕기로 결정하고 다가가서 용기 내어 말을 걸었다. "젊은이, 우선 배불리 밥을 먹고 깨끗하게 씻은 다음 옷을 사세요. 그런 다음 직장을 찾아서 열심히 살아가세요."

그렇게 주머니에서 100만 원을 꺼내어 그 거지에게 주었다. 늘 힘들고 어렵다는 부족감에 동냥을 했던 거지는 알겠다고 말하며 큰돈을 주는 그에게 "선생님이 말하는 대로 하겠습니다"라고 대답했다.

그러나 그가 간 후에 거지는 회심의 미소를 띠며 '또 어떤 사람이 크게 동냥하지 않을까'라는 생각으로 더 큰 깡통을 마련하고 더욱 불쌍하게 보여야겠다고 마음먹었다.

이렇듯 부족감을 가진 사람은 돈이 생긴다 해도 자신의 '부족하다'는 생각이 바뀌지 않으면 현실이 변하지 않는다. 부족감에 집중되어 있는 사람을 그가 어렵다는 이유로 도와주는 것은 아무리 좋은 마음이어도 밑 빠진 독에 물붓기가 될 수 있다. 거지 신념의 사람을 돕는 것은 그의 깡통만 늘려주는 일일 뿐이다.

타인이 잘되길 바라며 돕는 경우에도 받는 사람의 의도가 '잘 해보겠다'는 의지를 가진 경우에만 좋은 결과를 가져올 수 있다. 왜냐하면 부정성을 가진 사람은 힘들고 어렵고 세상에 화가 난 상황에 집중되어 있기 때문이다.

과거의 기억을 연민으로 가지고 있다면 그 역시 부정성이라고 할 수 있으며, 그 마음에 대해 잘 자각하고 과거의 아픔에서 빠져나와야 할 것이다.

누군가에게 연민이 생긴다면
왜 그런 마음이 드는지 자각하라

나의 돕고 싶은 마음과 달리 도움 받을 사람에게 '내가 도움을 받는 건 당연하다'는 의도가 있지는 않은지 확인하고 적정한 균형 속에서 행동하라. 혹시 누군가를 돕겠다는 마음속에서 과거 자신의 부족감을 잡고 있다면, 타인을 통해서도 부족감을 반복 경험할 수도 있다는 것을 명심하라.

부족감은 깨진 항아리와 같아서 부족감의 원인을 보고 재수정하지 않는다면 돈이 있어도 부족하고 돈이 없어도 부족한 현실을 경험하게 된다. 부족감을 가진 사람은 집이 없어서 집을 마련하면 곧 더 큰 집을 가지지 못한 자신이 보이고, 더 큰 집을 가지면 빌딩을 소유하지 못한 부족감에서 허우적거리게 될 것이다.

당신이 더 많은 돈을 가져야 하는 이유는 풍요로움을 추구하기 때문인가, 아니면 부족감 때문인가. 당신이 진정 풍요롭게 살고 싶다면 돈에 대한 부정성이나 과거 부정적 연민에서 빠져나와 자신의 물질적 현실을 있는 그대로 바라보고 물질과의 소통을 시작해야 할 것이다.

그러기 위해서 지금 현실에 맞는 목표를 설정하고 그 목표에 상응하는 계획 속에서 한 걸음씩 나아갈 때 당신은 만족감 속의 행복을 경험할 것이다. 내가 돈을 부정하면 돈도 나에게 오기 싫어할 것이다. 나와 돈 사이에 레드카펫을 깔아놓으면 돈도 나에게 올 때 좋은 에너지를 가져다줄 것이다.

없는데 있는 척,
있는데 없는 척

열등감과 초라함을
감추는 자기방어

돈이 없는데 많은 것처럼 보이고 싶은 사람이 있고, 돈이 많은데도 없다면서 돈이 있는 걸 숨기는 사람이 있다. 돈이 있는 척하는 사람은 자신의 초라함과 열등감을 감추려고 하는 것이다. 돈이 없는 척하는 것은 그 안에 두려움, 귀찮음, 불편함 등의 마음이 있다. 일종의 자기방어인 것이다.

한 케이블 TV 방송에서 허세 왕 래퍼의 파산 신청 스토리를 다룬 적이 있었다. 당시 그 뉴스는 쇼크이자 화젯거리였는데 경제잡지 《포브스》가 그를 세계에서 가장 재산 많은 힙합 아티스트 4위로 발표한 지 얼마 되지 않았을 때였다.

프로그램은 그가 개인파산 신청을 하기 전 1,800억 원가량을 쓰던 모습을 소개했다. 엄청난 가격의 액세서리와 보석들로 치장한 모습을 보였고, 수많은 럭셔리 사생활 사진들로 SNS를 도배했으며, 람보르기니 아벤타도르 앞 트렁크에 200만 달러어치 현금을 넣어두는 영상을 공개하기도 했다.

개인파산 신청을 한 직접적인 원인은 라이벌 래퍼의 전 여자친구 섹스 동영상을 온라인에 유포하면서 법원으로부터 손해배상금 500만 달러의 벌금을 내게 된 것이었다. 그는 벌금 낼 여력이 없다면서 법원에 개인파산 신청을 냈다.

정말 돈이 없어서 개인파산을 선언한 것인지 좀 의심스럽긴 하지만 그가 정말 없는데도 있는 척 SNS에 '돈 수액'을 한 것이라면 그의 있는 척하는 마음에는 무엇이 있었을까?

없는데도 있는 척하는 것은 없으면 무시당한다고, 돈이 있어야 대접받고 특별하게 보인다고 생각하면서 자신과 타인을 속이는 것이다. 돈을 내세우거나 숨기는 것 자체가 욕망과 저항이다.

돈이 없다고 무시하는 사람이 있기 때문에 있는 척하는 사람이 존재한다. 똑똑한데도 돈이 없으면 스스로 돈 있는 사람보다 열등한 위치에 서게 되는 경우도 있다.

인도에 있을 때 차를 렌트해서 다니는 경우가 많았는데, 렌트 운전기사로부터 놀라운 이야기를 들었다. 호텔에는 기사들이 자는 방이 있다. 그곳에 아무도 제재하는 사람이 없는데도 불구하고 좋은 차를

모는 기사는 가운데 가서 자고, 싼 차를 모는 기사는 구석에 가서 잔다
는 내용이었다. 자기 차가 아니라 그저 대신 운전하는 사람인데도 불
구하고 신기하게도 자연스럽게 서열이 정해지는 것이다.

간혹 어떤 좋은 건물이나 아파트 단지에 들어가면 경비가 방문
객들에게 "어이, 거기 차, 저기다 대요" 하고 회장님처럼 호령하며
방문객들을 무시하는 경우가 있다. '정승집에는 개도 한자리한다'는
말이 있는데 딱 맞는 격이다. 큰 건물을 지키는 자신의 서열이 높다
고 생각하고 사람들을 아래로 보며 함부로 하는 것이다.

명품을 파는 백화점이나 면세점 판매사원이 온몸에 명품을 치장
하고 자신의 월급 대부분을 명품 구매에 쏟아붓는 사례도 흔하다.
명품은 값비싸고 특별함이라는 플러스 에너지가 담겨 있기 때문에
그것을 가짐으로써 자신도 부자의 서열에서 선 것 같은 기분을 느
낄 수 있다. 그러나 자신의 상황에 맞는 적절한 소비를 하지 않는다
면 명품을 위한 소비가 자신을 더욱 빈곤하게 만들 수도 있다는 점
을 생각해보아야 한다.

숨기는 마음,
죄책감·두려움·미안함

돈이 있어도 돈이 있는 것에 대한 죄책감 때문에 돈이 없는 척하
는 사람도 있다. 본인은 돈이 있어도 부모형제가 잘살지 못하는 경

우에는 '나만 이걸 써도 되나?' 하는 죄책감이 발동할 수 있다. 그리고 사람들이 나를 어떻게 생각할까 눈치를 볼 수도 있다.

한달에 2천만 원을 버는 사람이 부모님에게 100만 원을 생활비로 주기로 했을 때 '나는 2천만 원을 버는데 100만 원만 드려도 되나?'라는 죄책감이 발동할 수 있다. 그 저변에는 적절한 금액을 주고 싶은 마음과 자기만 너무 다 가져도 되나 하는 미안함이 공존하는 것이다.

특히 한국에서는 한 사람이 잘살면 형제를 다 도와줘야 하고 부모를 다 봉양해야 하는 관습이 있었다. 가족이 다 엮여 있는 것이다. 예전에는 장남에게 모든 지원을 몰아주는 경우가 많았다. 나머지 형제들은 대학에 가고 싶은 욕망을 눌러야 했고 장남의 등록금을 마련하기 위해 희생했다. 그 결과 성공한 맏이는 그 집안을 다 일으켜세워야 한다는 압박감을 가졌다. 물론 집안이 다 헌신한 대가로 성공했는데도 가족을 외면하고 모른 척하는 맏이도 있고, 가족 모두를 책임져야 한다는 책임감을 어깨에 짊어지고 가족을 부양하는 맏이도 있다. 이는 한국 현대 사회의 특별한 상황이기도 하다.

형제 중에 잘된 사람이 있으면 그걸 숨기는 경우가 있다. 상담자 중 한 분은 언니네가 운영하는 사업이 잘되어 빌딩을 샀다는 소문을 한 형제에게 전해들은 후 언니에게 "언니, 빌딩 샀다며?" 하고 물었더니 언니가 당황하면서 그런 일이 없다고 일축했다고 한다. 빌딩을 산 것이 사실인데도 말이다. 언니는 왜 형제에게 빌딩을 산 사실을 숨겼을까? 아마도 자기 혼자만 잘살고 있어 미안해서일 것이다.

나도 한창 비즈니스가 잘될 때 벤츠와 싼타페를 가지고 있었는데, 집에 갈 때면 꼭 싼타페를 타고 갔다. 벤츠를 타고 가면 왠지 나혼자만 잘사는 것 같아서 미안했기 때문이다. 아버지는 나만 보면 돈을 달라고 했는데 '자식이 돈이 많으면 부모에게 주어야 한다'는 심리였을지도 모르겠다.

돈이 있는 사람이 돈이 있다는 이유로 공격의 대상이 되는 경우도 있다. "네가 돈 많으니까 네가 계산해" 같은 적절치 못하고 불쾌한 상황을 피해서 동창회에는 안 나간다는 대기업 임원도 있다. "예전에는 나보다 공부도 못했는데 이제 돈 좀 버나 보지"라고 비아냥거리며 돈 많이 버니까 밥값, 술값을 모두 계산하라는 당황스러운 상황을 피하려고 말이다.

그래서인지 어느 대기업 회장은 사돈에 팔촌까지 도와달라며 사무실로 찾아오는 바람에 일에 지장이 많아서, 한 달에 얼마의 금액을 상한선으로 정해놓고 찾아오는 사람들 사연의 경중에 따라 돈을 주었다고 한다. 돌려받지 못해도 내가 감당할 수 있는, 즉 상처받지 않을 금액의 상한선을 정해놓은 것이다.

돈 있는 척함으로써
부족함을 불러온다

가진 게 없는데 돈이 많은 것처럼 보이고 싶은 사람들은 자신이 가진 초라함, 부족함 등을 감추고 싶을 때, 열등한 마음을 사용해 자신이 실제 가진 것보다 재산을 부풀려 돈을 과시용으로 사용한다. 에너지 관점으로 봐도 그러한 자신의 열등감은 삶에서 경험으로 발현되기 때문에 자신이 원하는 만큼의 돈이 잘 만들어지지 않는다.

예를 들면 주변 사람들 중에 돈이 없는데도 자신의 상황에 맞지 않게 비싼 차를 몰고 고급 시계를 차고 명품 옷을 입고 다니는 사람들이 있을 것이다. 사람들 앞에서 돈이 아주 많은 사람처럼 과시하려고 하지만 그런 사람을 보면 불편한 마음이 생길 것이다.

왜냐하면 그 사람은 '다른 사람이 자신을 어떻게 볼까'에 온통 주의가 집중돼 있기 때문이다. 사람들 사이에서 타인의 눈치를 보는 사람과 함께 있을 때 당신이 그에게 불편함을 느끼는 이유는 그 사람의 파동이 불안정하기 때문이다. 즉 그 사람의 주파수는 열등의식에 맞춰져 있다.

사람들에게 돈이 있는 척하는 사람은 실제로 돈을 적절하게 사용하지 못하기 때문에 돈이 있어도 늘 부족하게 산다.

자신의 상황을 부정하며
돈 없어 보이는 척하는 사람의 심리

과거에 너무 돈이 없어서 힘들었거나 돈이 있는 것에 대한 죄책감을 가지고 있었거나 돈에 욕심 없는 청빈한 사람처럼 보이고 싶은 사람은 돈이 없는 척한다. 이런 사람은 자신의 재산 가치를 낮추면서 사람들에게 늘 자신을 돈이 없는 사람으로 보이려고 돈이 있는 것을 숨긴다. 그래서 자신에게 돈이 들어오는 것을 막아버리는 결과를 낳기도 한다.

없는 척하는 마음의 밑바탕에는 '돈이 있다'는 이유로 사람들에게 비난받을까 봐, 사람들이 자신의 돈을 빌려달라고 할까 봐 숨기려는 마음이 있다. '돈이 많다'는 이유로 불이익을 받을지도 모른다고 생각하는 것이다. 이런 사람들도 모두 그런 것은 아니지만 돈에 대한 부정성을 인식하며 살아가는 경우라고 할 수 있다.

자신의 물질 상황에 대해 돈이 있는데도 돈이 없다고 말하며 '없는 척'하면 그 사람의 뇌는 있는데도 없는 것 같은 혼란을 겪는다. 그리고 이것이 계속되면 진짜로 '돈이 없는 현실'을 경험하게 될 수도 있다.

'척하기'에서 빠져나와
당당해져라

이처럼 돈이 있는 척하는 것도 없는 척하는 것도 둘 다 불편한 현실을 살게 만든다. 자신의 물질적인 상황을 부풀려 보이도록 속이거나 물질적 상황을 축소해서 보이거나 숨기는 것으로 불편한 감정을 경험하는 것이다.

있는 척하기는 자신을 더욱 초라하게 만들며, 돈 없는 자신의 상황을 외부적으로 그렇게 보이지 않으려고 하다 보니 결국 '없다'를 강화하는 꼴이 된다.

없는 척하기 역시 자신의 물질 상황을 외부적으로 없다고 인식시키려는 것이기 때문에 돈에 대한 불편함을 경험하는 것이다.

당신이 원하는 것이 물질적 자유라면 '척하기'에서 빠져나와 당신이 돈이 있든 없든 있는 그대로 당당해져야 한다. 귀중한 에너지 자원인 돈을 있는 그대로 귀하고 소중하게 여기는 마음과 태도가 있다면 돈 또한 당신을 귀하게 대접하며 함께하려고 할 것이다.

돈에 대한
욕망과 저항

'나는 돈이 좋아'
vs '너무 밝히는 거 아냐?'

신사임당 이미지가 떠오를 만큼 우아하고 정숙한 분위기를 풍기는 한 부인이 찾아왔다. 내게 코칭을 받은 후에 마음이 편안해진 그녀는 남편도 데리고 와서 프로그램에 참여하게 했다. 남편은 돈이 많은 집안의 남자였는데, 돈이 많은 탓에 평생을 안하무인으로 살았다고 한다. 젊은 시절에는 아내를 함부로 대했던 탓에 속을 끓이는 날도 많았지만, 간암 진단을 받고 시한부 생을 살고 있는 남편을 그 부인은 극진히 잘 돌봤다. 세상에 이런 부인이 또 있을까 싶을 정도였다.

그 부인은 처음엔 남편이 통증 없이 편안한 삶을 지내다가 갈 것을 기대하며 나에게 데리고 온 것이었다. 하이바디 리딩 프로그램 (몸과 마음은 통한다는 사실에 기반해 몸에 저장된 기억을 읽어내고 몸과의 대화를 통해 원인을 찾아내고 치유하는 프로그램)에 참가한 이후 몸이 많이 호전됐는데, 이런 상황이 오자 그 부인은 당황해하며 프로그램을 중단했다.

그 부인은 남편이 죽고 나면 빌딩 등 많은 재산을 상속받을 수 있는 상황이었다. 시부모님에게 재산을 안전하게 상속받기 위해서 그 부인은 완벽한 신사임당이 되어야 했던 것이다. 그녀는 남편의 포악함에 십수 년간 정서적 학대를 받은 상태였고, 사실은 남편이 좋아지는 걸 바라지 않았지만 '척하기'를 한 것이다. 설마 중병환자가 그렇게 상태가 나아지리라 생각하지 못했던 그녀는 남편이 좋아지니까 프로그램을 중단해버린 것이다. 그동안의 학대에 대해 엄청난 재산을 받음으로써 보상받고 싶었던 것이지, 남편과 같이 살고 싶은 마음은 아니었던 것이다.

이 땅에 이혼율이 점점 높아진다지만, 임대수익이 한 달에 1천만 원씩 나온다면 이혼까지는 하지 않았을 부부도 많이 있을 것이다. 기본적으로 생존을 해결해주는 '돈'이 있다면 문제는 반 이상 줄어든다.

사전적 의미에서 '돈'은 사물의 가치를 나타내며, 상품의 교환을 매개하고, 재산 축적의 대상으로도 사용하는 물건이다. '욕망'이란 부족을 느껴 무엇을 가지거나 누리고자 탐하는 것이며, '저항'은 어면 힘이나 조건에 굴하지 않고 버티는 것이다.

지금 어떤 생각이 들었는가? 우리는 돈이 많았으면 좋겠다는 욕망 속에서 돈이 없음을 저항하며 살고 있는 것은 아닐까?

나는 돈이
불편하다?

자신의 부모에 대해 화가 나 있는 이들 중에는 '아버지는 나쁜 사람이다' 하는 저항과 '아버지한테 사랑받고 싶어' 하는 욕망이 함께 존재하는 사람이 많다. 그러면서 어머니의 눈치를 본다. 어머니에게 들은 아버지에 대한 욕으로 아버지의 이미지를 세팅한다. 혹은 할머니에게 들은 어머니에 대한 욕으로 어머니의 이미지를 세팅하면 기억은 왜곡되어 저장된다.

사랑을 받고 싶은 욕망과 사랑을 받지 못하는 저항, 이 두 가지 모두 우리 삶을 힘겹게 만들 수밖에 없다. 왜냐하면 둘 다 부족감이기 때문이다. 그런 사람은 사랑을 받게 돼도 그 사랑이 사라질까 봐 불안해서 두려워한다. 부족감이 있는 사람은 풍요로운 상황에서도 부족감의 에너지가 생명력을 가지고 사라지지 않기 때문이다.

돈에 대해서도 마찬가지다. 돈에 대해 불편한 감정을 가지고 있는 사람이 많다. 돈을 욕망하면서도 돈에 대한 여러 가지 제한을 두기도 한다. '돈을 벌고 싶어'와 '돈을 벌어도 되나?', '돈을 너무 밝히는 거 아냐?', '돈을 많이 벌면 누군가에게 뺏길지도 몰라'가 함께 존재한다.

부를 욕망하는 사람들은 가난을 저항하는 이중감정을 가지며 양쪽 감정을 함께 느낀다. 가지고 싶으면서도 없는 것에 부족함을 느껴 무기력해지거나 화가 나는 마음이 함께 만들어지기 때문이다.

돈을 욕망하면서 '돈이 많았으면 좋겠다'는 생각과, 가난에 저항하면서 '돈이 없는 것이 싫다'를 함께 생각하는 것이다. 그 원인을 찾아 정리해 욕망과 저항이 없는 돈을 선택하면 돈에 대한 감사함과 연결감이 가득해진다. 부모에 대해서도 자신을 보살펴주지 않았던 어머니에게 저항하고 자신에게 잘해주는 어머니를 욕망하는 것이 멈춰지면 자신의 근원으로서 "어머니 감사합니다", "아버지 감사합니다"란 말이 저절로 튀어나온다.

나의 욕망과 저항
자각하기

어떤 남자가 한 여성에게 갑자기 "사랑해"라고 말하면 여성은 '느닷없이 나를 사랑한다고?'라고 생각할 수 있다. 뜬금없다는 생각에 남자를 쳐다본다. 남자는 "정말 사랑해"라고 말한다. '진짜가? 뭐지?'라고 생각하던 여자는 그렇게 남자가 여러 번 반복해서 "사랑해"라고 말하면 '응, 사랑하는구나'라고 받아들이고 인식하기 시작한다.

자신이 무엇을 욕망하고 무엇을 저항하는지 깊이 생각해보자. 당신이 '돈이 많은 것'을 욕망하고 '돈이 없는 것'을 저항한다면 당신의 에너지는 돈을 벌거나 만드는 데 쓰이는 게 아니라 돈과 줄다리기하는 데 쓰일 것이다. 따라서 삶에서는 돈과의 힘겨움을 경험하게 될 것이다.

부를 가지고 싶은 욕망과 부를 가지지 못한 저항, 이 둘 사이에서 마음이 오간다면, 현재를 있는 그대로 받아들이면서 자신의 지금 상황에 맞는 목표를 정하고 하나씩 실천할 때 그 욕망과 저항에서 벗어날 수 있을 것이다.

지금 있는 그대로의 당신을 사랑으로 대하라.

지금 있는 그대로의 돈을 사랑으로 대하라.

당신의 욕망이나 저항 없는 순수한 사랑을 받은 돈은 당신의 사랑을 받아 세상 속에서 당신과 함께 번영을 시작할 것이다.

돈의 사이클을 만들어
번영의 열매를 수확하라

사람들마다
행복의 척도가 다르다

20년 전 사기를 당해서 사업을 접고 너무 충격이 커서 곧바로 비행기 티켓을 끊고 인도로 떠났다. 그동안 믿었던 사람에 대한 배반감이 너무 컸기 때문이다.

그러다 다시 한국으로 돌아왔는데 집도 넘어가고 엉망진창이었다. 이후 미친 듯이 부채를 정리하기 시작했다. 잠도 안 자고 밥도 안 먹으면서 뛰어다녔고 3년 반 정도 지나자 부채를 모두 갚을 수 있었다.

그런데 3년 반 동안 스트레스 상태에 집결돼 있던 에너지들이 목표를 이루고 나자 무엇을 해야 할지 모르고 길을 잃었다. 그래서 찾아간 곳이 뉴질랜드였다. 그 당시 휴식이 필요했던 나는 지구상에서 가장 아름답고 청정한 지역을 선택한 것이다.

바다가 하늘 같고 하늘이 바다 같은 그곳에서 편안하게 지내려고 좀 좋은 집을 얻었는데, 3주 동안 하루에 20시간 이상씩 잠을 잤다. 인간이 그렇게 잘 수 있다는 게 정말 신기할 정도였다. 지금 생각해보면 그때 내가 얼마나 지쳐 있었는지 알 수 있다.

그렇게 21일을 자고 나서부터는 너무 심심해서 견딜 수가 없었다. 그래서 단순노동을 찾아서 할 일을 만들기 시작했다. 길에 버려진 냉장고를 주워다가 닦아서 깨끗이 만든 다음에 교회에 기증하는 일을 한다든가, 기념품 가게에서 부탁을 받고 며칠에 걸쳐서 이리저리 진열을 바꾸기도 했다.

그러다 어느 날 재미가 없는데 재미를 찾고 있는 나를 발견했다. 당시엔 골프를 쳐도 재미가 없었고 말을 타도 재미가 없었다. 이걸 하면 재미가 있을까, 저걸 하면 재미가 있을까 찾아헤매던 나는 결국엔 좋아하는 마음공부를 하러 여러 나라를 다니면서 시간을 보냈다. 사람들이 말하는 행복과 내가 원하는 행복이 다르다는 것을 그때 느꼈고, 사람들의 행복의 척도가 다르다는 것을 알게 되었다.

좋은 씨앗으로
좋은 열매를 맺는 돈

우주는 생성과 확장, 유지 그리고 소멸의 과정을 반복한다. 마찬가지로 우리의 삶이나 돈도 일정한 사이클을 가지고 있다. 1년은 봄에서 여름으로, 여름에서 가을로, 가을에서 겨울로 순환되며 반복되는 것처럼 사람도 공(空)의 자리에서 우주의 의도 속에서 생성되어 아이로 태어나 소년 소녀로 자라 어른이 되고 나이 드는 순환의 사이클을 거친다. 대부분의 사람들은 에너지가 왕성하고 건강한 성인이 되면 아이를 잉태하여 생명을 탄생시키는 우주의 의도에 합류해 생명의 사이클을 순환시킨다.

이와 같이 돈 또한 의도라는 씨앗을 통해 탄생하여 열정과 실천 속에 커지며, 열매를 맺어 수확하면 그 소명을 다하고 사라지는 것이다. 그러나 계속해서 열매를 수확하려면 돈의 사이클을 계속 순환시킬 수 있는, 돈에 대한 의도가 계속돼야 한다. 예를 들어 이번 달 일을 하면 월급을 받지만 또다시 열심히 일을 해야 다음 달 월급을 받을 수 있고, 기업 또한 진행하는 프로젝트가 성공해도 다른 것이 더 준비돼야 성공을 이어갈 수 있는 것처럼 말이다.

따라서 시작(봄), 열정(여름), 수확(가을), 소멸(겨울)을 계속하면서 수확을 바란다면 돈에 대한 의도를 계속해서 세워야 또 다른 열매가 탄생되어 사이클이 연결될 수 있다. 순수한 의도라면 쉽게 좋은 열매, 즉 원하는 결과를 맺어줄 것이다.

반면 불편함이 많은 의도는 그 열매에도 불편함을 가져다준다. 예를 들어 돈을 버는 이유가 남에게 보여주기 위한 것이라면 남에게 보여주는 열매를 경험할 것이다. 또 돈을 버는 것이 남에게 복수하기 위해서라면 돈을 벌어 복수한 후에는 그 의도가 소멸되기 때문에 목적에 맞게 사용된 돈도 소멸될 것이다. 만약 돈의 씨앗이 울분과 분노라면 돈이 있어도 울분과 분노를 계속해서 경험할 것이다. 왜냐하면 복수를 위한 씨앗은 독을 품었기 때문에 그 사람에게 여러 가지 힘든 상황을 만들어 독을 채운 열매를 돌려주기 때문이다.

따라서 돈의 사이클은 좋은 씨앗을 만드는 것부터 시작해야 한다. 씨앗이란 의도를 뜻하며, 그 의도에 열정(감정과 행동)을 부여하여야 수확을 가져온다. 그래서 좋은 의도, 즉 열정과 행동이 강력해질 수 있는 의도는 행복과 번영이라는 열매를 수확하게 된다.

당신의 사이클을 바꿀 수 있는 가장 쉬운 방법은 새로운 의도, 즉 건강한 씨앗인 긍정의 의도를 세워 열정을 부여하는 것이다. 올바른 의도는 순수하기 때문에 강력한 열정을 만들어내며 원하는 결과도 빨리 이룰 수 있다. 복수나 과시 같은 부정적이고 불편한 의도가 아니라 풍요를 기원하는 것 같은 건강한 의도를 세우면서 생각과 감정과 행동이 일치될 때, 원하는 걸 이룰 수 있는 창조 사이클이 강력한 작용을 한다.

돈의 사이클을
계속 돌아가게 만드는 것

　북한에 자식을 둔 사람들은 오래 산다고 한다. 왜냐하면 자식 한 번 보고 죽는 것이 꿈이기 때문이다. 이처럼 목적을 가질 때 에너지의 화살표가 그 목적을 향해서 간다.

　성공한 사람 중에는 목표한 걸 이루고 나면 아픈 사람이 많다. 어느 교장 선생님은 평생 교장이 꿈이었는데 교장이 된 날 돌아가셨다는 얘기도 있다. 꿈을 이루고 나자 '지금부터 나 뭐 해야 되지?' 하며 패닉에 빠진 건지도 모른다.

　삶의 여정은 '어떠한 의도를 갖느냐'를 통해 경험되는데, 부정적 의도가 작동한다면 그것을 자각하고 다시 긍정적 의도로 리세팅하는 과정을 거쳐야 한다. 좋은 의도하에 강력한 열정이 부여될 때 우리는 좋은 열매를 빠른 시간에 맺을 수 있기 때문이다. 올바른 의도는 강력한 열정을 계속해서 만들어내기 때문에 지속 가능한 번영이 함께할 것이다. 그리고 그 의도에 기쁨과 사랑이 있다면 행복의 열매를 수확으로 돌려줄 것이다.

　내가 원하는 물건을 사게 되었어도 거기에 대한 기쁨이 없으면 더 이상 돈의 사이클은 연결되지 못하고 끝나버린다. 물건을 사는 것에만 집중하고 그것을 누리지 못하기 때문이다.

　돈의 사이클이 돌지 않으면, 집을 사겠다는 목적을 가져도 집을 사고 나면 거기서 멈춰버린다. 그 집에서 평생 살면서 그다음 목적이 없는 경우가 그렇다. 여기서 돈의 사이클을 다루는 것은 가까운 시일 안에 이룰 수 있는 작은 목표로 세우고 그다음 목표, 또 그다음 목표를 세우고 실행하라는 의미다.

물질에 대한 풍요와 기쁨을 기억하고 그러한 부분에 에너지를 연결시켜야 한다. 같은 상황에 대해서도 어떤 사람은 즐겁고 풍요로웠던 여름을 기억하는 반면에 어떤 사람은 춥고 배고팠던 겨울을 기억하는 사람이 있다. 이처럼 내가 춥고 배고픔을 기억에서 잡고 있으면 계속해서 힘든 삶의 사이클 속에서 살아가게 될 것이다.

만약 우리가 아주 강력한 의도로 사이클을 만들어낸다면 그 힘은 사이클론처럼 아주 큰 힘을 발휘할 수도 있다. 그 힘은 어떤 의도를 생성했느냐에 따라 아주 많은 풍요를 가져다줄 수도, 모든 물질을 사라지게 할 수도 있을 것이다.

당신은 어떤 사이클을 만들어 살고 싶은가? 당신이 원하는 사이클을 계속해서 이어가려면 무엇을 해야 하는가? 그리고 그것에 방해되는 것은 무엇인가? 지금부터 당신의 사이클을 만들어보자.

I Love
Money

돈과
새로운 관계 맺기

스스로에게 정직하면
당당해진다

돈을 통해 존재감을
드러내려 하지 마라

대학교 졸업 후 스무 번의 면접을 봤지만 취업에 성공하지 못했던 혜진 씨는 계약직으로 한 중견기업에 들어갔다. 열심히 일하면서도 미래가 불안했던 그녀는 학자금대출을 갚아가면서도 적금을 따로 들어서 2년 동안 어렵사리 500만 원을 모았다. 적금 만기가 다가오던 어느 날, 운 좋게도 정규직 발령을 받은 그녀는 너무 기뻤고 축하받고 싶은 마음에 친구에게 그 기쁜 소식을 전했다.

"와우~ 축하해. 너무 잘됐다." 친구의 환호성은 마치 폭죽같이 들렸는데, 기분 좋게 같이 저녁을 먹다가 어느 순간 대뜸 친구가 물었다. "너 정규직 되면 월급도 더 받을 테고 이제 보너스도 나오겠다. 너 저번에 적금 들어놓은 거 탈 때 되지 않았니? 나 그거 좀 빌려주면 안 될까?"

아직까지 알바를 전전하고 있던 친구에게 기쁜 마음에 자기만 자랑을 하고 있는 건 아닌가 미안하던 차에 그녀는 마음이 흔들렸다. 딱히 쓸데를 정해두고 있었던 것도 아니었기 때문에 혜진 씨는 결국 친구에게 돈을 빌려주었고, 5년이 지난 지금까지도 돌려받지 못하며 후회하고 있다.

나도 과거에 혜진 씨처럼 어려운 사정을 풀어놓는 친구에게 돈을 빌려준 적이 많다. 어쩔 때는 상대방이 아직 "돈 좀 빌려줘"라고 요청하지 않는데도 먼저 돈을 빌려준 적도 있다.

그런데 갑자기 내 재정 상태가 안 좋아져 그동안 돈을 빌려준 사람들에게 모두 연락을 취해봤다. 결과가 어땠을까? 빌려줬던 돈을 한 푼도 돌려받지 못했다. 그들은 도움을 받았던 내 돈을 되돌려줄 생각이 전혀 없었다. 그들은 여전히 살기 어렵다는 말만 반복했다. 이 일을 통해 나는 도와주기 위해 빌려준 돈은 돌려받을 수 없다는 사실을 깨달았다. 내가 어려운 상황이 되었는데도 말이다.

'나'를 들여다보니 나는 돈을 통해서 나의 존재감을 경험하려고 했던 사람이었다. 어릴 적에 어머니는 가게 4개를 운영하느라 내게 돈만 주고 집에는 없었다. 나는 그 상황에서 '사랑'이라는 돈의 원한(맺힌 감정)을 갖고 있었던 것이다. 돈 때문에 가족이 없어졌고, 그러니까 나는 돈을 벌어서 어머니를 그 상황에서 꺼내주고 싶다는 생각을 했던 것이다.

그러다 보니 성인이 되고 돈 버는 건 잘했는데 주위에 어렵고 힘들다는 사람이 있으면 퍼주기만 했다. 특히 아이가 있는 사람이 어려움을 호소하면 내 안에서 도와주고 싶은 연민이 발동되어 이성적 판단을 하지 못했다.

한마디로 균형 있는 삶은 아니었다. 그래서 나는 주고받음의 균형이 얼마나 중요한지를 배우게 되었다.

상대의 무례함을
내가 책임질 필요는 없다

가끔, 도와줘도 도와줘도 끝이 없는 사람을 만나기도 한다. 지금의 어려운 상황만 넘기게 해주면 다음은 알아서 해야 하는데, '또 누가 돕지 않을까'에 촉각을 곤두세울 뿐인 경우가 있다.

나는 친구를 도와줬다 곤혹스러운 경험을 한 적이 있다. 어느 날 남편이 하던 공장이 부도가 나 아이들이랑 어떻게 살아가야 할지 막막하다며 한 친구가 연락을 해왔다. 남편의 집은 가난했지만 그 친구의 친정은 그런대로 잘사는 집이었다. 그런데도 불구하고 나의 잘못된 신념에 발동이 걸려버렸다. 친구를 도와야겠다고 생각한 것이다.

나는 인도에서 알던 지인이 게스트하우스를 팔려고 한다는 정보를 듣게 되었다. 그곳에서 한 달에 1천만 원 정도의 수입이 들어오온다는 사실을 알고 있었던 터라 그 게스트하우스를 사서 친구에게 맡기며 수익을 나누기로 했다.

그런데 인도가 어떤 나라인가. 그 당시 워낙에 인건비가 싸서 세탁기를 사는 것보다 세탁을 해주는 사람에게 빨래는 맡기는 것이 더 싼 나라다. 친구 부부는 사장님과 사모님이 되었고 요리, 청소 등의 일은 인도 현지 직원들이 담당했다. 그 친구 남편은 서비스에 대한 개념이 전혀 없는 사람이었다. "거기 뒤에 남자분! 가방 들고 가요!" 이런 식이었다. 그러니 당연히 손님이 다 떨어져나갈 수밖에 없었다.

돈을 벌기 위해 일할 준비도 제대로 되어 있지 않고 도움을 요청하지도 않은 사람에게, 내 마음대로 도와줬다가 벌어진 일이다. 결국 나는 1억 5천만 원의 손해를 보았다. 그 와중에도 나는 친구 부부와 두 아이들의 항공권 비용, 이사 비용 등을 다 대주면서 한국으로 돌려보냈다.

그 부부는 피해의식이나 희생자 아이덴티티, '내 잘못이 아니다'라는 신념이 너무 강해서 도움을 주어도 어려운 상황에서 벗어나지 못했다. 그 친구는 게스트하우스를 운영하라고 했던 나를 도리어 원망했다. 이 경험을 통해서 나는 상대방이 요청하지 않은 도움에 대해서 중단해야겠다는 결정을 내렸다.

돈에 대한
자신의 마음에 정직해지기

친한 친구이든 친하지 않은 친구이든 대부분의 사람들은 "돈 좀 빌려줘"라는 말을 들으면 고민에 빠진다. '지금 내가 돈이 얼마 있다고 솔직하게 말해야 하나? 아니면 거짓말을 해야 하나?' 마음이 혼란스러워진다. 그런데 사실은 '빌려주고 싶지 않은' 상태라면 어떻게 말해야 마음이 편안해질까?

우리는 정직하게 살아야 하며 거짓말은 나쁜 것이라고 배워왔다. 따라서 거짓말을 하면 뇌 기억 센서는 '나쁜 사람'이라는 정보를 가동할 것이다. 그렇지만 잘 생각해보라. 사실 당신이 진짜 혼란에 빠진 이유는 상대방의 질문이 불손한 것이라고 생각하기 때문이다.

"너 돈 얼마 있어?"라고 묻는 사람이 있다면 그건 상당히 무례한 행동이다. 그런 개인적인 정보를 묻는 것 자체가 굉장한 실례다. 나에게 무례한 사람에게 나의 재정 상태를 말해줄 이유는 없으며, 그 상대의 무례함에 대해 내가 순응하는 것이 결코 정직이 아니다.

당신의 돈은 당신의 인생에서 중요한 핵심 에너지며 귀한 자원이다. 따라서 당신의 개인 통장 잔고를 남에게 알려줘야 할 이유는 없다. "너 돈 얼마 있어?"라고 물으며 다른 사람의 통장잔고가 얼마가 있는지 알려고 하는 것 자체가 무례한 행위일 뿐이다.

상대가 "돈 얼마 있냐"고 물었을 때 당신이 별로 말하고 싶지도 않은데 '정직해야 한다'는 정보에 이끌려 '얼마가 있다'고 솔직하게 대답한다면 이것은 정직한 것이 아니다. 진짜 정직해야 할 것은 당신의 통장에 있는 잔고를 묻는 그에게 솔직하게 말하는 것이 아니라, 그의 사적인 질문에서 불편함을 느끼고 '자금 상황을 말하고 싶지 않아'라는 당신의 마음이다.

만약 당신이 "돈이 있다"고 솔직하게 대답했다면 그 이후로 당신은 상대에게 돈을 빌려주고 싶지 않아도 거절하기가 어려울 것이다. 왜냐하면 이미 "돈이 있냐"는 질문에 긍정했기 때문이다.

그에게 '돈이 얼마 있다'고 말하는 순간 당신의 돈에 대한 주도권을 그에게 넘겨줘버리는 이상한 상황에 빠진다. 상대에게 갑의 자리를 넘겨주고 스스로 을의 자리에 서는 상황을 겪게 되는 것이다.

상대에게 당신이 돈을 빌려주고 싶지 않다면 당신은 옹색하게 변명을 잔뜩 늘어놓아야 하는 상황이 될 수도 있다. 이미 "돈이 있다"고 말했기 때문에 당신은 돈이 있는데도 빌려주지 않고 거절해야 하는 난처한 상황에 놓이는 것이다.

상대가 당신에게 돈을 빌리길 원한다면 먼저 상대가 돈이 필요한 상황에 대해 설명하는 것이 우선이어야 한다. 그리고 난 뒤 '혹시 모아둔 돈이 있다면 빌려줄 수 있는지'를 정중하게 물어봐야 되는 것이다.

이때 중요한 것은 당신의 중요한 핵심 에너지인 돈의 상황을 '말할까 말까'가 아니라 당신이 느끼는 당신의 마음을 바라보는 것이다. 그런 다음 어떻게 하고 싶은지 선택해서 실행하면 된다. 만약 상대에게 돈을 빌려주겠다는 마음이라면 얼마를 빌려줄지, 왜 빌려줄지, 어떻게 돌려받을지 생각한 뒤에 이때 올라오는 마음이 무엇인지 느껴본 뒤 다시 결정하고 행동해도 늦지 않다.

은행에서도 대출을 해주면 담보를 받는다. 돈을 빌려주더라도 어떻게 돌려받을지 생각해둬야 한다. 내가 지금 좋은 사람들과 좋은 관계를 유지하면서 함께 일할 수 있는 것은 돈 관계에 대해서는 1원짜리까지 다 정산해서 주고받기 때문이다. 나도 이제 잃고 싶지 않은 사람이 있으면 주고받기를 열심히 한다. 그럴 때는 관계가 잘 유지된다.

어떤 결정이 되든지 간에 혼란 속에서 할 수 없이 내리는 결정이 아니라, 스스로의 마음을 반영한 정확한 판단에 의해 결정했을 때 그 결정을 책임질 수 있다. 만약 빌려주면 받기 어렵다는 불편한 생각을 하면서도 상황이나 연민에 휩싸여 돈을 빌려준다면, 당신은 혼란을 겪고 있는 것이다. 이때 돈을 받지 못하거나 돈이 없어 아주 힘겹거나 불편함을 겪으면 돈을 빌려간 상대방을 원망하는 마음이 커질 것이다.

그렇다고 해서 상대에게 "돈은 있지만 빌려주지 않겠다"라고 말하는 것이 정직한 것은 아니다. 그렇게 말했다가는 상대와의 관계가 매우 불편해지기 때문이다. 돈에 대해 정직해지라는 것은 자신이 속물임을 밝히라는 것보다는 자기 감정을 스스로에게 명확하게 하라는 것이다.

'빌려달라는 당신의 요청을 존중합니다. 그렇지만 빌려주지 않겠다고 결정한 나의 선택을 존중합니다'라는 마음 상태가 되어야 한다.

어쩌면 당신의 진정한 정직함은 돈이 있지만 상대에게 "돈이 없다"고 말하고 돈에 대한 부탁을 들어주지 않으면서도 서로 불편한 상황을 만들지 않는 것이다. 부탁을 거절하고 싶지만 그것을 다른 사람이 알아서 '나쁜 사람이라고 비난받을 것 같다'라는 생각이 있다면 진짜 마음은 '타인에게 욕먹고 싶지 않은 것'일 것이다. 현명한 처세가 되기 위해선 먼저 자신의 정직한 마음을 알아야 한다. 자신의 마음을 들여다보고 스스로에게 정직한 것을 선택하는 것, 그것이 바로 돈에 대해 정직하게 사는 것이다.

Key Action 01

돈에 대한 정직한 마음 찾기

내가 가진 돈을 가지고 당당하게 세상 속에서 살아가기 위해서는 자신의 정직함이 무엇인지 들여다보아야 한다.

다음 다섯 가지 항목에 대한 나의 진짜 마음을 써보자.
① 정직하고 싶은 대상
② 정직한 자신의 마음
③ 정직함에 걸리는 마음
④ 정직하게 자신이 원하는 것
⑤ 정직한 실천 선택

(예시 1)
① 엄마
② 매달 (   )를 용돈으로 주고 싶다.
③ 그러나 아들인 남동생에게 줄 것이다.
④ 내 돈을 동생이 쓰게 하고 싶지 않다.
⑤ 한 달에 한 번 엄마와 외식하고 때론 쇼핑하며 내 돈을 엄마를 위해

사용한다.

(예시 2)
① 자녀
② 공부하고 싶다면 돈이 얼마가 들어도 시키고 싶다.
③ 그러나 그렇게 하면 노후에 어떡하나? 자녀에게 돈을 타서 쓰고 싶
　 지 않다.
④ 적당히 책정해서 균형을 맞춘다.
⑤ 잘 가르치면서 비용이 적은 선생님을 찾는다.

(예시 3)
① 돈을 빌려달라는 친구
② 돈을 빌려주고 싶지 않다.
③ 있으면서 안 빌려주면 관계가 불편해지는 것
④ 안 빌려주는 것
⑤ 적절하게 거절하고(돈이 없다고 말한다) 관계도 지킨다.

(예시 4)
① 돈을 빌려가 갚지 않는 지인
② 돈을 갚으라고 말하고 싶다.
③ 돈을 달라고 하면 상대방이 불편해할까 봐 걸린다.
④ 돈을 빨리 돌려받는 것
⑤ 급하게 돈을 쓸데가 있다며 빨리 돌려 달라고 말한다.

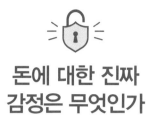

돈에 대한 진짜
감정은 무엇인가

'더 이상 착한
척하기 싫어'

자기가 겉으로 만들어낸 거짓 신념과 실제 신념이 다른 경우는 상당히 많다. 착한 사람들 중에는 의외로 내재돼왔던 '화'가 엄청나게 숨어 있는 경우가 많다. 나를 찾아온 사람들은 자기 안에 숨어 있는 화를 함께 찾아내서 화를 꺼내 풀게 하는 작업을 한다. 화에 빠지는 것이 아니라 화를 가지고 있다는 사실을 인정하고, '착한 척'하는 것을 벗어나는 것이다.

수진 씨의 부모님은 10원짜리 한 장도 허투루 쓰는 법이 없는 분이었다. 알뜰살뜰 모아 수진 씨 남매가 성인이 되었을 때쯤에는 먹고살 걱정은 안 해도 되는 돈을 모았다. 수진 씨 역시 부모님처럼 돈을 함부로 쓰는 법이 없었고 열심히 일해서 돈을 모았다. 반면 남동생은 '엄마 언제 죽나? 언제 나한테 재산을 주려나나?' 하는 생각만 하면서 무직으로 살고 있었다.

부모님은 어렵사리 번 돈으로 자식들을 위해 상가건물 두 채를 구매했다. 부모님 사후에 두 자녀에게 한 채씩 나누어줄 생각이었던 것이다. 수진 씨의 갑갑증이 시작된 건 이때부터였다. 이 사실을 알았을 때 그녀는 억울했다고 한다. 남동생은 평생 일 한 번 제대로 해본 적이 없는데도 상가건물을 준다는 걸 도저히 받아들일 수 없었기 때문이다.

딸인 자신에게도 한 채를 준다고 했으나 그동안 부모님의 일이라면 발 벗고 뛰어다니면서 효도를 한 수진 씨는 말썽만 부리면서 부모님에게 돈을 가져가는 동생과 똑같은 대접을 받는 것에 대해 너무나 화가 났던 것이다.

수진 씨 부모님은 말썽쟁이 아들이지만 아들을 보살피려고 한 것인데, 그녀는 공평치 않은 처사라 생각하며 자신이 부모님께 헌신한 것에 제대로 보상받지 못함을 야속하게 생각했다. 수진 씨는 부모님 재산이 자신의 것은 아니지만 기여도를 계산해서 재산을 배분해야 한다고 생각한 것이다.

에너지 파장은
모든 삶에 영향을 준다

음식을 먹으면 영양은 흡수하고 찌꺼기는 배출해야 한다. 감정도 마찬가지다. 희로애락이 올라왔다 흘러갔다 하는 것은 자연스러운 일이다. 그런데 감정이 배출되지 않고 머무르는 경우가 있다. 여기에는 핵심 감정이 있는데, 억울함과 분노다.

아들을 꼭 낳아야 하는 집안에 들어갔는데 '나 아들 꼭 낳아야 돼, 나 아들 꼭 낳고 말 거야' 하는 저항을 가지고 있으니까 딸만 다섯을 낳기도 한다. '나는 반드시 아들을 낳아서 이 집안에 인정받아야 돼'라며 자기 자신을 인정하지 못하는 에너지 파장이 계속해서 인정받지 못하는 상황을 만들어낸 것이다.

에너지 파장은 우리의 모든 삶에 영향을 준다. 물론 돈에도 영향을 준다. 이 책에서 돈을 주제로 말하고 있을 뿐, 삶의 법칙은 모두 똑같다.

우리 안에 잠든
마이너스 감정들

당신은 돈에 대해 어떤 감정을 가지고 있는가? 만약 당신이 돈에 대해 부족감, 불안감, 원망, 아쉬움, 부러움, 절박함, 분노, 짜증, 슬품 등의 힘겨운 감정을 가진 채 부자로 살기를 원한다면 당신의 에너지는 혼란 속에서 헤맬 수 있다. 이것은 부정적 감정을 잔뜩 가지고 사랑하는 사람과 행복하게 살겠다고 다짐하는 것과 같다.

　생각이 강력하게 인식되었거나 반복적으로 생각하고 말을 하면, 그 에너지들이 강화되어 고유의 파동을 만든다. 그 파동은 생명력이 생겨나고 그 조건에 맞는 경험이 현실에 나타나게 된다.

　그렇지만 강한 신념을 가진 사람들 중에는 자신의 강력한 이해와 자각을 통해 원치 않는 감정이 에너지의 방향성을 바꾸도록 하는 경우도 있다. 흔히 '개천에서 용 났다'고 하는 경우가 그렇다. 성장 배경이 불우한 사람이 훌륭한 사람이 되는 경우가 드문 것은, 이미 만들어진 고유의 파동이 생명력을 가지고 작동하기에 자신이 원하는 대로 변화하기가 쉽지 않기 때문이다. 그렇게 한번 뭉쳐진 에너지 파동들은 진짜 경험이든 가상 경험이든 경험과 이해를 통해 사라진다.

　우리 센터에서는 직접 현실에서 경험하지 않아도 지나갈 수 있도록 액션 프로그램을 통해 '가상적 경험'을 하도록 하고 에너지의 길을 반대 방향으로 안내하는 작업을 한다. 이렇게 하면 태풍이 항로를 바꾸듯이 에너지 파동의 방향을 바꿀 수 있다.

돈에 대한 감정,
'절박함'

재정 상태가 바닥을 치는 것은 아닌데도 자신의 재정 상황보다 훨씬 절박한 상황을 만들어놓고 괴로워하다가, 돈에 관한 코칭이 있다는 소리를 듣고 나를 찾아오는 사람이 있다. 그들은 현실을 인식하지 못하고 계획을 짜는 사람들이다. 자신이 감당할 만한 사이즈가 안 되는데 큰 평수의 아파트를 사놓고 대출금이나 관리비용을 감당하지 못하는 경우도 많다.

월급이 300만 원인데 아이의 과외비용으로 100만~200만 원을 쓰면서 자꾸 "애한테 뭘 못해준다"고 괴로워하는 엄마도 있었다. 과외비 때문에 아이에게 다른 걸 해줄 수가 없다는 것이다. 그녀는 아이 유학을 못 보내줘서 괴롭다며 항상 안절부절하는 모습이었다.

"돈 없어, 돈 없어" 노래를 하면 돈을 벌더라도 돈이 필요한 더 큰 상황을 만들어내서 돈을 쏟아붓는다. 또다시 "돈 없어, 돈 없어" 하는 상황을 만드는 것이다. 그 사람은 아무리 많은 돈을 갖고 있어도 돈이 없는 상황을 만들기 때문에 '항상 돈이 없는 사람'이 된다. 계속해서 마이너스 파장을 크게 만들어내고 있기 때문이다.

화를 내는 것이 아니라
분출시켜 없애라

    지영 씨는 남편에 대한 서운함을 항상 가지고 있었다. 남편은 그의 어머니처럼 아내가 항상 자신만을 챙기길 원했고 지영 씨를 하녀 대하듯 뭐든 시키기만 했다.

    지영 씨는 남편을 잘 챙겼고 언젠가 시간이 흐르면 자신이 잘 챙겨준 것처럼 남편도 자신을 챙겨줄 거라고 생각했다. 그러나 세월이 흘러도 남편은 변하지 않았고 지영 씨는 너무나 서운한 마음에 표정이 굳어가며 말을 점점 하지 않게 되었다. 결국 남편과도 사이가 멀어졌다. 그래도 그녀는 아이들을 위해서라도 남편과 잘 살아야 한다는 생각을 가지고 있었다.

    어느 날 그녀는 남편에게 마음을 풀고 사이좋게 지낼 것을 결심했다. 맛있는 식사를 준비하고 친절하게 대하겠다고 결의하며 남편을 기다렸다. 하지만 그녀는 남편 얼굴을 보자마자 자신의 굳은 결심과는 다르게 항상 가지고 있던 서운함이 먼저 올라와서 결국에는 남편에게 버럭 화를 내버렸다. 남편과 사이좋게 지내기를 결심했건만 생각대로 되지 않았던 것이다.

    그것은 평소 서운함으로 강화된 감정이 생명력을 가지고 자체 에너지 필드가 생성된 상태에서, 그 필드의 원인인 남편을 보게 되자 강화된 감정이 조건화가 되어 자동적으로 화를 내게 된 것이다. '남편과 함께 있을 때 잘 지내보겠다'는 생각과는 다르게 섭섭하고 불편한 부정적 감정으로 강화된 시냅스가 그런 에너지를 끌어왔기 때문이다.

이렇듯 자신이 어떻게 해보려고 해도 안 되는 상황은 우리 주변에서 흔히 볼 수 있는 일이다. 아무리 '화내지 않겠다'고 생각해도 결국엔 화를 내버리는 상황 말이다.

나를 힘겹게 만드는 감정들을
밖으로 끄집어내라

원하지 않는 힘겨움으로 강화된 에너지를 바꿀 수 있는 방법 중 하나는 가상 경험을 통해 그 부정적 에너지를 소멸시키는 것이다. 대개 부모들은 자신의 자녀가 말썽을 일으킬 때 마음에서 올라오는 부정적 감정을 이성적으로 주체하지 못한 채 자기도 모르게 화를 내고 나서 후회하곤 한다.

지기 마음대로 감정을 사용하지 못하기 때문에 벌어지는 일이다. 감정에 영향을 주는 그 부정적 파동이 강력하게 작용되므로 이성적 통제가 불가능해지는 것이다. 이때 가상적 경험으로 뇌에 저장된 정보를 감정과 함께 인위적으로 경험시키면 문제를 해결할 수 있다. 원치 않는 감정을 강화시키는 것이 아니라 그 감정이 원하지 않는 감정과 그 혼돈 속에서 빠져나오겠다는 것을 명확히 의도함으로써 부정적 개념의 정보가 에너지 필드에서 떨어져 나올 수 있다.

마치 친구와 만나서 못마땅한 배우자의 뒷담화를 실컷 하고 나면 속이 후련해지는 것과 같은 이치다. 옛날 우리의 어머니들은 빨래터에서 방망이로 다듬이질을 하면서 화를 풀었다는 얘기를 들었을 것이다. 부정적 감정을 소멸시키는 데 효과 좋은 방법이었을 것이다.

또 '임금님 귀는 당나귀 귀'라는 우화에서 얻을 수 있는 교훈은 마음 안에 가득 찬 것들을 분출하지 않아 에너지가 가득 차게 되면 우리는 너무나 답답하고 힘든 감정 속에서 힘겨움을 느낀다는 것이다. 이발사가 임금님 귀에 대해 말 못했던 비밀을 땅을 파고 그곳에 소리 내어 말하자 답답함이 사라진다.

당신의 경험을 힘겹게 만든 그 감정들을 내 안에서 꺼내 세상 밖으로 내보내는 것이다. 돈에 대한 긍정성을 가지겠다는 것을 정확히 인식하고 내 안에 뭉쳐진 돈에 대한 부정적 감정들이 가상적 경험을 통해 사라질 수 있도록 분출시켜라.

가장 좋은 방법은 돈에 대한 부정적 감정도 의도적으로 소리 내어 표현하는 것이다. 그것을 경험하면 답답했던 돈에 대한 감정이 사라진다. 그 부정적 감정이 사라진 공간에서 당신이 원하는 돈에 대한 긍정적 정보가 파동을 만들어내는 경험이 이어질 것이다.

돈을 통해 원하는 삶을 살게 되는 것은 순전히 당신 자신에게 달려 있다. '나는 부족하다'는 신념이 있을 때는 갑옷을 입고 있는 상태와 같아서 '나는 할 수 있다'는 상황이 만들어지지 않는다. 마이너스 신념이 강하게 있는 상태에서 '나는 할 수 있어'라고 덮어쓰면 마이너스 신념이 너무 강력하기 때문에 '나는 할 수 있어'가 인식되지 않는다. 즉 수용되지 않는 것이다. 그래서 가상 체험을 통해서 초라함이나 분노와 같은 부정적 감정을 만들고 그 에너지 파동을 소멸시키는 액션이 필요하다.

부정적 감정을 분출하는 가상적 경험

    돈에 대해 원치 않는 부정적 정보를 크게 말하고, 속이 후련해지면 다시 돈에 대한 긍정적 감정을 반복해서 말하는 것이 이번 액션의 내용이다. 이때 중요한 것은 그 부족함을 경험할 때의 그 초라한 감정을 담아서 하는 것이다.

    몸으로 액션 프로그램을 하면 무엇보다 강력하다. 서서 눈을 감고 초라한 감정을 담아 자신의 '부족함'을 상상한다. 초라함의 에너지장을 최대한 증폭시킨 후에 얼음을 깨듯이 깨부수고 발을 옮겨 그 자리를 벗어난다. 그리고 큰 숨을 뱉어내며 초라함과 부족함을 발끝으로 흘려보낸다. 이 액션을 통해 부자가 될 수 있는 마인드 세팅을 할 수 있다.

    다음 ①과 ②를 한 세트로 진행한다. ①의 부정적 감정이 소진되면 ②의 감정이 느껴질 때까지 말한다.

1단계 : 아무도 없는 곳에 가서 손짓 발짓과 함께 소리 내어 말하고, 그 감정이 사그라질 때까지 계속한다.

2단계 : ①번을 소리내어 말하며 분출한 후, 사라지면 ②번의 내가 원하는 상태를 선언하며 강화시킨다.
① "나는 부족하다."
② "나는 뭐든 할 수 있다."

① "나는 내 돈이 사라질까 두렵다."
② "나는 나의 돈을 지킨다."

① "나는 돈이 원망스럽다."
② "나는 돈에게 감사하다."

① "나는 돈 없는 사람들이 너무 불쌍하다."
② "나는 돈을 통해 풍요롭고 당신도 그러할 것이다."

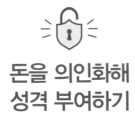

돈을 의인화해
성격 부여하기

사람들은 상대를 본인이 규정한
개성대로 인식한다

사람은 다중적 인격체다. 보통은 자신이 '이런 사람이다'라고 규정하지만, 그것은 대표 개성으로서 선택된 것 뿐이다. 내성적이다, 고집이 세다, 외향적이다 등은 그저 선택된 개성인 것이다.

특정한 대표 개성을 선택한 사람들도 때로는 자신이 만나는 사람에 따라 다른 개성을 선택해 그 특징으로 관계를 맺기도 한다. 집에서는 한 마디도 안 하는 내성적인 사람이 바깥에서는 외향적 성격이 되어 사람들과 어울리는 모습도 종종 볼 수 있다. 회사에서는 아주 엄격한 사람이 부인에게는 아주 친절한 사람으로서 살아가거나, 부모님과 있을 때는 과묵하지만 친구들과 있을 때는 아주 재미있는 사람도 있다. 한 사람이라도 여러 가지의 개성으로 살아가는 것이다.

만약 당신의 연인에게 열 가지도 넘는 성격이 있는데 연인을 '깐깐한 사람'이라고 규정한다면, 연인을 깐깐하다고 인식하고 그렇게 대하게 된다. 또 만약 아버지의 여러 모습들 중 '나를 혼냈던 모습'이나 '무기력한 모습'을 강력하게 인식했다면, 아버지를 '혼내는 아버지'나 '무기력한 아버지'로 규정지을 것이다. 당신은 아버지를 규정한 개성대로 인식하고 그렇게 선택한 개성으로 아버지에 대한 핵심 감정으로 관계를 맺으면서 살아가게 된다.

그런데 이 모든 감정은 당신이 선택해서 에너지화할 수 있다는 것을 알고 있는가? 예를 들어 아주 내성적인 사람도 선택을 통해 외향적으로 바꿀 수가 있다.

돈을 사람으로 규정하고
친해지기

삶은 규정짓는 대로 우리에게 영향을 끼친다. '돈을 어떻게 규정 짓느냐'도 그렇다. 감정을 선택하고 에너지화를 통해 핵심 감정을 바꿀 수 있는 것은 사람에 대해서만이 아니다. 하겠다는 마음만 먹으면 돈에 대한 개념도 바꿀 수 있다.

돈을 친구로 규정할지, 도우미로 규정할지는 각자의 선택이다. 돈은 심부름꾼, 구원자, 보호자, 필요함, 사랑의 대상, 원망의 대상 등이 될 수 있다. 남녀 관계에서도 상대를 보호자, 친구, 구원자, 동반자, 사랑의 대상 등으로 규정하고 관계 맺으며 살아간다.

우리가 돈과 친해지는 방법은 돈을 의인화해서 돈을 살아 있는 존재로 인식하는 것이다. 여기서 포인트는 의인화한 돈에 대해 당신이 원하는 성격을 부여하고 어떤 관계를 맺고 싶은지 확실히 하는 것이다.

상민 씨가 원하는 돈의 개성은 '다정다감한 것'이다. 그 생각의 씨앗을 살펴보면 상민 씨의 경우 외동인 데다 어머니가 장사를 하느라 같이 있어 주지 못해 늘 외로웠다. 어머니가 일하러 가면 친척들한테 맡겨졌고, 조금 더 자란 뒤에는 혼자 밥을 사먹었다. 철민 씨는 돈 때문에 사랑받지 못했다는 원망이 있었다. 돈과 사랑이 뒤바뀌었다고 생각한 것이다.

이렇게 돈에 성격을 부여해 에너지를 흐르게 만들고 진동을 강화시키면 돈과 친하게 지낼 수 있다. 지금 돈과 당신의 관계에서 돈은 어떤 성격인가? 아니면 당신의 돈은 어떤 성격이었으면 좋겠는가?

돈에 성격을 부여하면 뇌는 강력하게 인식하고 그것을 받아들여 여기에 에너지를 끌어온다. 우리의 현실은 생각과 가슴(감정 영역)이 일치되어 소리를 내고 상상할 때 더욱 강력해진다. 감정과 상상력을 충분히 동원해 돈과 소통한다면 돈의 에너지는 생명력을 가지고 당신과 함께할 것이다.

Key Action 03

돈에 대한 감정을 바꾼다

돈을 의인화시키는 가장 확실한 방법은 실체를 만드는 것이다.

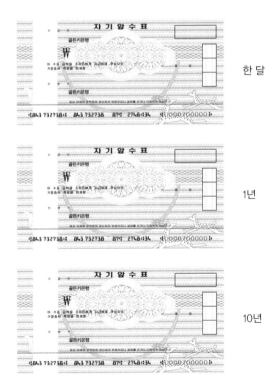

한 달

1년

10년

1단계 : 백지수표의 금액란에 자신이 원하는 금액을 적어넣는다.

한 달, 1년, 10년 순서대로 자신이 벌고 싶은 금액을 적고 수표 아래에 '따뜻한 나의 돈'이라고 적는다.

2단계 : 돈에 부여하고 싶은 성격을 적는다.

당신은 돈에 어떤 성격을 부여하겠는가? 지금부터 적어보기 바란다. 뇌는 강력하게 인식한 대로 그것을 받아들여 에너지를 끌어온다. 내가 돈에 부여하고 선언하는 대로 이루어지는 것이다.

3단계 : 상상 너머의 상상을 한다.

2단계에서 부여한 성격을 돈에게 실제로 불어넣는 것이다. 이때 가정을 끌어오고 느껴야 한다. 그럼 마치 마법에 걸린 것처럼 돈이 살아 움직인다. 그리고 돈이 모든 물질 영역에서 도움을 주며 평생 나와 함께할 것이다.

- 나의 돈은 아주 부드러우며 친절하고 다정하다.
- 나의 돈은 나를 든든하게 보호해준다.
- 나의 돈은 애완견처럼 나를 따른다.
- 나의 돈은 나를 아껴주고 사랑해준다.
- 나의 돈은 나에게 늘 행복을 준다.
- 나의 돈은 지니처럼 요청하면 뭐든 가져다준다.

돈에게 화해의
편지 쓰기

불편한 마음을 풀고
돈과 새로운 관계 맺기

　부모님이나 사랑하는 사람이 나의 생각을 몰라줄 때 서운함을 느끼며 말도 안 하고 토라졌던 경험이 있을 것이다. 그리고 상대가 내 생각과 다르게 행동해 내가 원하는 상황과 다른 결과를 가져온 적도 있을 것이다.

　자신의 생각과 감정을 정리하여 정확히 언어로 전달하지 않는다면 상대는 내 마음을 알 수가 없다. 언어는 상대에게 내 의사를 정보와 진동으로 전달할 수 있으며, 말하지 않으면 그것은 상대에게 전달되지 않는다.

어쩌면 나 자신조차 내 생각과 다르게 행동할 수 있다. 그러면 내 마음도 나 스스로를 믿지 못할 것이며, 나를 믿지 못하는 나는 타인과 세상을 신뢰할 수 없게 될 것이다. 내가 만든 불명확과 불신 속에서 세상을 살아가는 것이다.

지금까지 이 책을 읽고 돈에 대한 자각과 이해를 높였다면 이제부터는 돈과 화해할 시간이다.

돈에 대한 마음이 이중적이거나 다중적이라면 우리는 돈과의 관계에서 혼란을 겪을 것이다. 우리가 만들어낸 생각은 에너지화되어 생명력을 가지며 돈과의 관계도 그 안에서 존재하기 때문이다. 그러나 돈에 대한 오해나 불편한 태도, 저항과 비난을 가졌던 것을, 진심을 다해 돈에게 사과하고 사랑과 감사를 전하며 돈을 감동시킨다면 돈과 화해할 수 있을 것이다.

돈은 우리에게 받았던 불편한 마음을 풀고 다시 우리와 사랑을 나누게 될 것이다. 새로운 관계 맺음을 통해 만들어낸 돈에 대한 개념은 새로운 에너지장 속에서 우리가 원하는 것을 가져다줄 것이다.

감정을 담아
마음 고백하기

앞서 우리는 액션 프로그램을 통해 돈의 원한이나 그림자 부분을 알아냈다. 그 부분에 대해 돈에 사과하고 마음을 풀어야 한다. 감정 부여하기가 핵심이다. 돈과 감정이 연결되지 않은 상황에서는 액션 프로그램이 소용없을 수도 있다.

돈을 에너지 파동체라고 생각하면 진동을 강화시키기 위해서 감정을 담은 마음의 고백이 필요하다. 나의 경우에는 엄마가 사라질 때마다 나에게 돈을 줬기 때문에, 돈이 사랑을 뺏어갔다고 생각했다. 그래서인지 나는 필요할 때만 돈을 찾는다. '돈' 입장에서는 '뭐야, 필요할 때만 나를 찾네'라고 생각할 것이다.

그동안 돈의 마음을 잘 알아주지 않았다면 이제부터는 잘 알아주어야 한다. 서로 연결감을 느끼며 새롭게 시작하는 것이다. 돈과 친해지기 위해서는 할 수 있는 모든 이야기를 다 한다. 그동안 잘못한 것이나 서운한 게 있다면 온갖 이야기를 다해서 마음을 녹여주어야 한다. 이때 영혼 없는 대화가 아니라 진심을 담아서 얘기해야 바른 파동이 만들어진다. "미안해"도 "사랑해"도 반복해서 들으면 그 진동이 자신의 진동과 연결되어서 진실로 다가오기 시작한다.

연애할 때 남자가 여자에게 저 하늘에서 별도 달도 다 따준다고 얘기하면 듣고 있던 여자가 감동해서 남자를 동화 속 왕자님으로 보게 되는 것처럼, 우리는 돈에게 할 수 있는 모든 것들을 이야기해 돈과 연결하고 화해하고 지지를 받아야 한다.

돈에게 사과의 마음을 전달하고 화해한 후에는 새로운 감정을 불어넣어준다. "나는 돈이 참 좋아." 이렇게 말하는 것도 단편적으로 물질 에너지와 연결하는 방법이다. 돈에 원한이 없고 걸림이 없으면 돈이라는 에너지가 천사 같은 역할을 한다. 돈이란 사람을 도와주는 존재다. 하고 싶은 일이나 갖고 싶은 것이 있을 때 사람들을 도와주는 시종 역할을 해줄 것이다.

Key Action 04

돈에 사과와 감사의 편지 쓰기

돈에 감사 편지를 읽어줄 때는 대상을 앞에 놓고 읽는 것이 효과적이다. 앞의 액션에서 사용한 백지수표 석 장에 한 달 동안 벌고 싶은 돈, 1년에 벌고 싶은 돈, 10년에 벌고 싶은 돈을 적는다. 이 수표를 보면서 돈에 편지를 읽어주거나 대화를 하면 된다.

1단계 : 돈에 정성을 다해 편지를 쓴다. 미안했던 것도 사과하고 내가 듣고 싶은 말을 타인에게 하듯이 정성을 다해 쓴다.

(예시)

그동안 내가 너무 미안해. 내가 너를 외면했어. 모른 척했어. 이렇게 많은 돈은 나에게 올 수 없다고 생각했어. 사실은 네가 문제였던 게 아니었는데 너를 원망했구나. 사실은 돈 많은 사람들이 했던 행동이 나에게 상처를 준 것인데 너를 너무 함부로 대했어. 앞으로는 잘해줄 테니 잘 지내보자꾸나. 그동안 나에게 잘해줘서 고마워.

예전에 연애편지를 써봤다면 내 마음을 상대방에게 어떻게 알려야 할지, 또 이 편지를 상대방이 읽을 때 나를 어떻게 생각할지 고민해봤을 것이다. 제대로 내 마음이 전달되지 않으면 어쩌지, 상대방이 내 마음을 제대로 받아주지 않으면 어쩌지 걱정하면서 말이다.

그렇지만 이번엔 걱정할 필요 없다. 나의 돈은 내가 만든 에너지체이기 때문에 우리가 손을 내밀면 기다렸다는 적극적 태도로 받아줄 것이다. 편지를 쓸 때는 먼저 그동안 내가 돈에게 잘못 생각했거나 행동했던 것을 적고, 그동안 필요할 때마다 나를 찾아와서 도와주고 나를 위해 힘써준 것에 대한 감사함을 적어라. 다소 과장하거나 강조하는 것도 좋다. 최대한 상상력을 발휘하라.

2단계 : 백지수표를 보면서 돈에 편지를 읽어준다.

이는 돈에 대한 엉킨 파동을 정돈하고 새로운 관계를 맺는 것이다. 편지를 읽을 때는 감정을 담아 가슴으로 읽어내려간다. 그렇게 에너지를 보내는 것이다. 그러면 돈도 응답할 것이다. 아마도 우리가 원하는 돈을 우리의 통장에 돌려줄 것이다. 그동안 우리에게 화났던 것이 풀렸으면 멀리 있던 돈이 가까이 올 것이다.

이제부터는 돈과 절친이 되거나 사랑에 빠질 것이다. 마지막으로 다시 한 번 기억하라. 포인트는 감정을 전달하는 것이다.

돈과 운을 만들어내는
'부'의 공식

풍요로움과 자유로움을
누리기 위한 부의 창출 과정

부자 아빠들은 자녀 교육을 어떻게 할까? 아무래도 어릴 적부터 보고 듣는 정보가 남다르면 부자에 좀 더 가까워지는 건 맞는 얘기다. 나는 주변에 돈을 많이 버는 사람이 없었고 부자도 없었다.

돈을 많이 버는 사람들은 내가 서 있는 곳과 내가 걸어가야 할 곳의 연결 다리를 잘 찾아내는 사람들이다. 그래서 부자가 될 방법이 없으면 부자의 측근부터 사귀라는 이야기가 있다.

언젠가 나에게 부자와 결혼하라며 우주망원경 관측협회에 들어가라는 사람이 있었다. "우선 천체망원경이 있어야 되잖아. 가격만

해도 엄청날 텐데 그런 걸 갖고 있는 사람이면 당연히 부자지. 게다가 지성도 갖추고 있을 텐데 거기서 사람을 찾아보면 어때?" 농담으로 던진 말이었지만 일리 있는 말이었다.

부자가 아니어도 패션 아이템별로 명품 하나 정도는 구비해놓고, 교회도 일부러 강남에서만 다닌다는 여자도 있다. 순전히 부잣집 아들을 만나 결혼하기 위한 목적이다. 속물이라고 비난하는 사람도 있을지 모르지만 부자가 모이는 곳에 가야 부자 정보와 연결되는 건 맞는 말이다. 그렇게 결혼한 경우가 내 주변에도 있으니 말이다.

이번에는 풍요로움과 자유로움을 누리기 위한 4단계 '부'의 창출 과정을 정리해볼 것이다. ① 정보가 만들어낸 관념, ② 창조라는 의도, ③ 떠돌이 신념의 재정렬, ④ 상상하고 연결하기를 거친다.

정보가 만든 신념,
"정말 돈이 잘못한 거 맞나요?"

돈은 현대 사회를 사는 데 중요한 물질이다. 강한 에너지가 응집되어 있는 물질은 삶에 큰 영향을 줄 만큼 중요하지만, 이것에 대해 쉽고 안전하게 알려주는 사람은 찾아보기 힘들다.

돈에 대해 말하거나 관심을 갖는 것이 좋은 것이 아니라고 생각해서 물질 세상에 살면서도 돈 이야기를 하는 것조차 불편하게 생각하는 사람들이 있다. 그러나 돈을 많이 벌어 행복하게 살고 싶다면 마음의 풍요와 물질의 풍요, 이 두 가지가 균형을 이루어야 한다.

마음이든 물질이든 모든 것이 파동이다. 돈에 대한 감정들은 내 안에서 파동을 만들어내는데, 이 파동이 돈을 부정하게 만들기도 하고 풍요로움을 가져다주는 도구로 만들기도 한다.

우리는 수많은 정보 속에서 살아가며, 우리가 가진 다양한 감각 기관을 통해 세상의 정보들을 만난다. 각자의 경험과 자신의 개성대로 그것을 강하게 인식하면, 에너지를 끌어와 물질적 영역으로 경험하게 된다. 각자가 다른 환경에서 받아들인 정보를 취합해 만들어내는 이 창조 과정은 참으로 경이롭다.

'우리가 본 대로 만들어진다'는 건 '모글리 현상'으로도 증명할 수 있다. 소설 《정글북》의 주인공 이름인 모글리에서 유래된 단어로, 어린아이가 인간의 대우를 받지 못하고 자라면 야생동물처럼 살아가는 현상을 말한다. 모글리는 늑대의 손에 키워져 인간의 말과 행동을 하지 않고 마치 늑대처럼 늑대 같은 소리를 내며 땅에 코를 대고 킁킁 냄새를 맡는다.

이와 마찬가지로 누군가 어릴 적에 돈 때문에 싸우는 모습을 보며 자라면서 그것을 강력하게 기억했다면, 그에게 돈과 함께 저장된 감정은 '돈이 없으면 불행하다'는 것이다.

그런데 우리가 가진 모든 생각과 경험은 다양한 각도로 연결되어 있기 때문에 '돈 때문에 불행하다'는 생각이 저장된 기억은 어떠한 경우에도 '불행하다'는 신념을 가져온다. '불행하지 않으려면 돈을 벌어야 돼'라는 생각 속에는 '돈을 벌지 않으면 불행해질 거야'라는 두려움이 항상 도사리고 있기 때문이다. 그 두려움은 돈이 있든 없든 상관없이 두려움으로 돈과 관계를 맺게 할 것이다.

돈에 관한 정보를
자신이 원하는 대로 조합하라

우리가 갖고 있는 돈에 대한 부정적 관념은 돈의 힘겨움이 에너지화되어 창조된 것이기 때문에, 그 관념의 시작이 어디서 시작된 건지 반드시 찾아내고 그것을 이해한 다음 그 감정에서 빠져나와야 한다. 만약 어릴 적 부모님이 돈 때문에 싸웠던 모습을 통해 '돈이 없으면 싸우게 된다'는 두려움이 창조되었다면, 과거의 그 기억 속에서 빠져나와야 돈에 대한 또 다른 설정을 할 수 있다.

그런데 정말 '돈'이 그의 부모를 불행하게 했을까? 아니면 그의 부모가 자기 마음대로 되지 않는 '상황'에 화를 내고 있었을까?

돈이 많지 않아도 사이좋은 부부도 많다. 부모가 싸우는 모습을 통해 어린 그는 '돈이 없으면 싸우게 된다'는 두려움의 옷을 입고 돈과의 관계를 맺으며 돈에 대한 불안함을 덧씌워 살고 있었던 것인지도 모른다.

원인이 무엇이었든 간에 과거는 흘러갔다. 만약 그가 '절대로 부모님처럼 살지 않겠다'고 다짐하며 불행하지 않기 위해 돈과 관계

맺고 있다면 그는 절대로 행복할 수 없을 것이다. 왜냐하면 그 감정의 핵심은 두려움이기 때문이다. 그가 지금이라도 돈을 통해 풍요롭고 싶다면 돈과 새로운 관계를 시작해야 할 것이다.

만약 어떻게 해야 할지 막막하다면 새로운 정보를 모으는 것부터 시작해야 할 것이다. 그리고 '풍요의 돈'에 관한 정보를 자신이 원하는 대로 조합하여 다시 원하는 방향으로 창조를 시작해야 할 것이다.

생각은 파동을 만들고
진동은 에너지를 강화시킨다

살면서 이런 경험을 해본 적이 있을 것이다. 필요한 데가 있어서 돈을 꼭 써야 하는데 돈이 필요한 시기에 맞추어 어디선가 돈이 들어오는 경험 말이다. 예를 들면 정말 마음에 드는 집을 봐두었는데 돈이 좀 모자라는 경우 그 집을 포기하기에는 너무 아쉽고 놓치기가 싫어서 노심초사하고 있는데, 회사에서 특별상여금이 지급되고 투자해두었던 주식의 가격이 엄청난 상승을 기록한다. 이것은 자신이 원하는 의도가 에너지화되어 진동을 통해 당신에게 전달되는 것이다.

요가 수행에서 '프라나'는 숨, 호흡, 생명, 활기, 바람, 에너지, 힘 등을 의미하는데, 숨을 쉴 때는 산소만 내 속으로 들어가는 것이 아니라 에너지도 함께 들어간다. 말을 하면 생각의 진동이 생긴다. '말도 안 돼, 뭐지' 하는 의구심이 있으면 생각의 진동과 의구심의 진동이 같이 생기지만, 의구심이 사라지고 온전하게 수용되는 것이 바로 '자각'이다.

부처가 깨달은 것을 한마디로 하면 각성이다. 자신을 깊이 바라보고 자기를 온전하게 이해했을 때 비로소 자기 에너지를 사용할 수 있다는 것을 가르친 것이다. 각성한 상황에서 무언가 선택하면 창조가 더욱 강력하게 일어난다. 온전한 진동은 우주와 파동이 하나이기 때문이다.

'수리수리 얍!' 하며 의도를 만들었을 때, 공간 안의 진동들이 움직인다. 진동은 우주 멀리에도 있지만 내 안에도 있다. 우주란 원래 시공간이 없으며 작고 큼도 없다. 3D프린터를 떠올려보자. 필라멘트 같은 재료를 넣으면 내가 원하는 물질이 만들어지듯이, 허공 자체가 3D프린터인 것이다. 상상하고 연결하고 진동을 만들어내는 것이 바로 '창조'다.

10억 원을 만들어내는 사람은 그 안에 10억 원과 관련된 정보를 담고 있는 사람이다. 의도가 정확하고 구체적인 생각은 계획을 세우고 행동하면 현실이 된다. 화가가 밑그림을 그린 후 데생을 하면 그림이 그려지듯이 자신의 의도 속의 의도를 보고 명확하고 확실할 때 행동해야 한다. 그것이 창조다.

창조 에너지를 모으는 방법은
사람마다 다르다

반면에 돈에 반응하는 것은 돈에 대해서 생각하는 것이다. 창조는 생각에 그치지 않고 만들어내는 것이다. "사과는 청도 얼음골 사과가 최고야. 그 속에 꿀이 담겨 있어서 진짜 맛있어. 껍질째 먹으면 담즙 형성을 도와줘."

이렇게 생각에 그치지 않고 말로 에너지를 강화시키면 듣는 사람들의 침이 고이면서 그것을 내가 사든 다른 사람이 사든 현실화되어 나타난다. 또 내가 집을 사겠다고 생각하면 집을 알아보고 돈을 모으고 더 좋은 집을 선택해서 사게 된다. 그것이 창조 에너지다.

다만 에너지를 모으는 방법은 사람마다 다양해서 '언제나 신이 도울 거야'라는 신념을 가졌을 때 항상 도움을 받아야 되는 어려운 상황에 빠지는 사람도 있다. 도와줄 상황에 빠져야 신이 돕기 때문에, 도움을 받을 힘든 상황에 계속 빠지는 것이다.

나라는 존재는 하나의 파동이다. 가난한 사람이 돈이 생겼을 때 부자의 신념으로 바꾸지 않고 계속해서 '신이 도울 거야'라는 신념을 붙들고 있으면, 도움을 받아야 하는 파동이 계속 진동한다. 로또에 당첨되어 부자가 됐는데 다 탕진하고 잃어버리는 상황은 그래서 만들어지는 것이다.

의도와 목표가
창조를 만든다

창조는 목적지를 정할 때 강력하게 움직인다. 내가 행복한 부자가 되고 싶다면 돈에 대한 과거의 부정적 정보를 인식하고 그 부정적 정보를 정돈하는 것부터 시작해야 한다.

과거에 특정 정보를 뇌에서 어떻게 인지했는가에 따라 자신의 현실로 경험하게 되므로, 지금 물질에 부정적 영향을 주는 과거의 기억을 정돈하는 것은 중요하다. 자신이 원하는 것을 선택하고 강화시켜 원하는 삶을 살기 위한 시발점이 되기 때문이다.

예를 들면 과거에 아버지가 크게 한 번 화를 낸 것을 보고 두려움을 크게 느꼈다면 당신의 기억 속에는 '화를 내는 아버지'가 정보로 저장된다. 그리고 당신은 아버지를 두려움의 존재로 인식하게 되어 아버지를 볼 때마다 두려움을 품은 채로 평생을 살아가고 있을지도 모른다. 물질에 관해서도 어떤 관점의 정보를 어떻게 인식했느냐에 따라 물질적 현실에 영향을 끼치게 되는 것이다.

만약 돈에 대한 자신의 한계를 느끼면서 '나는 돈을 벌 수 있는 능력이 없다', '내가 가진 월급으로는 부자가 될 수 없다'는 생각이 입력되어 그 생각을 계속 꺼내서 투덜거린다면, 그것은 자신의 물질적 한계를 반복적으로 강화시키는 일이다. 그것은 '나는 돈을 벌 수 없다. 나는 부자가 될 수 없다'라고 우주에 외치는 것과 같으며, 스스로 자신의 능력을 단정 짓고 자신의 한계점을 만드는 것이다.

이것은 자신을 돈에 대한 제약 속에 가두어 당연하게 부자가 될 수 없는 현실을 경험시킨다.

그런데 당신이 아무리 돈에 관해서 긍정적인 선언을 하고 수많은 노력을 해도 물질적인 현실이 변하지 않는 경우가 있었을 것이다. 그 이유 중 하나는 당신이 가진 돈에 대한 과거의 정보 안에 긍정과 부정의 정보들이 함께 섞여 있기 때문이다. 따라서 자신의 돈에 관한 부정적 정보들이 어디에서부터 시작되었는지 인식하고 그것을 정렬해보는 것은 중요한 일이다.

컴퓨터는 인간의 뇌를 모델로 해서 만들었다고 한다. 당신의 뇌에 각인된 '과거의 돈에 관한 정보'들에는 부자가 되고 싶은 욕망과 함께 돈에 대한 부정적인 저항이 섞여 있다. 그러한 부정적 정보들은 바이러스와 같다. 바이러스가 깔려 있을 때 컴퓨터는 의도한 명령을 실행하지 못한다. 부정적 저항심리도 당신이 원하는 물질적 현실을 실행시키지 못한다. 아무리 애를 써도 되지 않는 상황에서 빠져나올 수 있는 방법은 리세팅이라는 작업이다. 돈에 대한 부정적 프로그램을 삭제하고 리세팅을 한 후 최신 프로그램을 적용함으로써 돈에 대한 긍정적인 프로그램을 실행시켜 당신의 삶에서 새로운 환경의 행운과 원하는 현실이 재창조될 수 있다.

부자가 되기를 원한다면 물질에 대해 현실을 있는 그대로 인식하는 것부터 시작해야 한다. 그리고 지금 이 순간부터 부자가 되기 위한 길로 연결되는 여러 가지 방향성과 가능성을 열어두고 부자가 되기 위한 정보를 시스템화해야 한다. 세상은 넓고 내 돈은 많다.

떠돌이 신념을
새롭게 정렬하라

우리의 생각은 어떻게 시작되어 펼쳐지게 될까? 인간의 뇌는 뉴런과 뉴런이 시냅스로 연결되어 기억을 연결한다. 생각은 거대한 기억의 네트워크 안에서 발생되는 것이다. 뉴런과 뉴런이 연결되어 우리 뇌에서 정보가 승인되면 그것이 우리의 생각과 감정을 움직여서 현실이 만들어진다.

그러나 충격을 받은 신념이나 시냅스가 연결되지 않은 떠돌이 신념은 그 연결선이 만들어지지 못하고 그대로 저장된 채 떠돌아다닌다. 떠돌이 신념은 어떠한 생각이 강력하게 진동한 상태에서 다음 정보와 연결되지 않은 신념이다. 이런 떠돌이 신념은 나의 삶에서 문득문득 떠올라 에너지를 손상시키는 작용을 할 수 있다.

돈에 대해서도 마찬가지다. 어렸을 때 정재 씨는 "돈이 많으면 불행해진다"라는 이야기를 어머니에게 계속 들어왔다. 성인이 된 뒤 정재 씨는 돈이 많아지면 죄책감이나 약간의 불편함을 느꼈다. 건물을 볼 때도 20~30층 건물을 보는 게 아니라 7층 정도의 작은 빌딩만 쳐다본다. 돈 때문에 크게 불편하지 않고 무게감이 느껴지지 않는 것만 쳐다보는 것이다. 20~30층 건물을 고려할 수 있음에도 불구하고 7층 건물 정도만 쳐다보며 삶을 한정해 버리는 모습 때문에 삶은 더 나아가지 못하고 차단되고 말았다. 이걸 자각한 후에 정재 씨는 '모든 능력을 발휘하면 나는 얼마나 벌 수 있을까'를 적어보았다.

돈의 원한은 트라우마이기도 하다. 그래서 어머니가 자식에게 "너희 아빠가 돈을 다 써버렸다. 그래서 우리가 고생하는 거야"라고 하면 아이에게 아빠는 적이 되고 엄마는 불쌍한 사람이 된다. 엄마와 아빠 두 사람이 나를 만들었기 때문에 나는 아빠 반, 엄마 반이다. 그래서 엄마가 아빠의 마이너스를 얘기해도 내가 공격받는 느낌이고, 아빠가 엄마의 마이너스를 얘기해도 내가 공격받는 느낌이 있다. 그다음부터 아이는 얼어붙어서 '이게 무슨 상황이지?' 하며 눈치만 보게 된다.

정보가 연결되지 않은 신념들은 대개 트라우마가 된다. 이를 '얼어붙은 신념'이라 부를 수도 있다. 에너지도 얼어붙고 파동도 얼어붙고 진동이 어디로 가야 할지 모른다. 그래서 재난 상황이나 뜬금없이 사고를 맞이했을 때 얼어붙은 상태, 즉 트라우마가 생기는 것이다. 뭔가 이해할 수 있는 상황의 연결 없이 그야말로 느닷없이 겪은 재난이라면 트라우마가 생길 수 있다. 트라우마에서 빠져나오려면 안전한 공간에서 다음 정보와 시냅스를 연결해주면 된다.

뇌는 진짜와 가짜 정보를 구분하지 못한다. 모든 생각의 정보들은 뉴런들의 연결로 만들어지므로, 연결선 없는 떠돌이 신념에서 벗어나려면 그 과거의 사건과 다시 만나서 그것을 이해하고 정돈하는 정렬의 과정을 통해 새로운 정보 시스템을 연결해주어야 한다.

돈에 대한 상처의 기억이나 떠돌이 신념이 있을 때도 그것을 재정돈하는 과정을 통해 자신이 원하는 '부'를 만들어갈 수 있다. 상처의 기억을 이해하고 정렬하여 새로운 물질적 개념을 확립시켜주는 것이다. 지지선(브릿지)들을 만들어 시냅스만 생기면 원하는 것이 힘을 받을 수 있다.

시냅스가 연결될 수 있는
현실을 상상하라

《시크릿》이라는 책과 DVD가 유행한 적이 있다. 부를 이룬 특별 계층의 사람들이 가지고 있는 비경(秘經)을 공개한다는 콘셉트였는데, 그 포커스는 '상상하기'라는 것이다. 일부 사람들은 그것을 통해 효과를 크게 보았지만 그렇지 못했던 경우는 상상하기의 핵심을 비켜나갔기 때문이다. 문제는 상상만 하면 다 이루어지는 것인가 하는 데에 있었다. 아이가 고3인데 '수능만점'이라고 우주수표에 적어서 매달아놓고 공부는 하지 않고 학교도 그만두고 상상하기만 한다는 한 엄마의 고민을 들어본 적이 있다.

그 고3 아이의 문제는 보는 걸 상상한다는 것에 있었다. 보는 것만 상상하면 의식에서만 진동이 일어날 뿐 현실화되지 않는다. 내가 서 있는 자리에서 원하는 저곳에서 이루어지는 걸 상상하는 것인데, 그 사이에 브릿지 연결이 없으면 지금 현재의 나와 원하는 곳의 나를 연결할 수 없다. 그것이 시냅스 연결이다. 즉 상상하기와 실행하기가 함께 진동해야 현실로 이루어지는 것이다.

수능만점은 생각이고 수능만점이 실행되려면 실제와 연결된 그 길을 걸어야 한다. 수학, 영어, 국어 영역의 공부 계획을 세우고 실제로 공부를 해야 한다. 내 안에 마이너스 신념과 그림자가 있다는 것을 간과하면 아무리 노력해도 현실이 되지 않아 좌절하는 상황도 발생한다. 실행하기와 마이너스 에너지를 없애는 작업은 함께 이뤄져야 한다.

행동으로 연결되지 않은 상상은 '망상'이다. 상상하기와 망상하기는 엄연히 다르다. 망상하기는 뿌리가 없어서 그 땅에 씨앗을 심어도 발아하지 못하는 생각이다. 망망대해를 끝없이 표류하고 있는 작은 나룻배처럼 언제 어디에 도착할지 알 수가 없는 것이다.

"나는 빌딩 주인이다"를 외치며 빌딩 주인이 된 자신의 모습을 상상하는 것은 그 곳으로 가는 길, 즉 브릿지가 없을 경우 망상으로 끝나버릴 수 있다. 직업도 없고 돈도 없고 목표도 없이 불쑥 빌딩 주인이 되겠다는 것을 상상하면 자신의 '없다'라는 부정성이 강력하게 진동하는 만큼 자신이 원하는 현실을 만들기가 어려운 것이다.

상상하기의 핵심은 시냅스로 연결될 수 있는 현실을 상상하는 것이다. '그것이 정확하게 된다'라고 믿을 수 있는 상상을 해야 한다. 의구심이 들지 않고 '가능하다고 인지되는, 자신이 믿을 수 있는 상상' 말이다.

실제로 가능한 상상을 해서 그 목표가 연결될 수 있다는 확신이 있어야 그것이 시냅스 연결을 통해 '되었다'고 상상할 수 있다. 그러면 상상은 현실에서 물질로 만들어진다. 즉 '되었다'라고 느낄 수 있는 상상이 핵심이다. 그렇게 될 수 있다는 에너지 진동이 강력한 열정 에너지를 쏟아붓게 만드는, 길 찾을 지도가 있는 상상 말이다. 그리고 가능한 것들은 세분화해서 그 작은 것들을 현실과 연결할 수 있어야 하는 것이다.

다시 말해 현실화할 수 있는 정보와 실천 가능한 생각 안에서 연결해야 우주의 응답을 받게 되는 것이다. 정보는 시냅스가 연결되면 에너지가 진동을 크게 만들어낸다. 옳다고 생각하는 것을 말할 때나 진정성을 담아 말할 때 강하게 진동이 일어나는 것도 시냅스가 강하게 연결되기 때문이다.

시냅스가 연결되어야
원하는 물질을 창조할 수 있다

《걸리버 여행기》에서 걸리버가 수많은 끈들로 소인국 땅에서 묶인 것처럼 작은 계획이 더해지면 큰 힘을 가지게 된다. 어떻게 하면 가능해질까 계획하고 그 가능한 것들을 이루기 위해 큰 목표에 맞는 작은 실천을 하나씩 해나가야 하는 것이다. 작은 끈들이 걸리버를 묶을 수 있었던 것처럼 말이다.

예를 들면 유능한 교수가 되어 명성을 얻겠다는 것이 목표라면 자신이 원하는 대학에 가고, 공부하고 연구하는 등 여러 가지 가능한 방법들을 연결 짓고 실천해야 한다. 돈을 한 달에 1천만 원씩 벌고 싶다면 내가 무엇을 잘하고 무엇을 하면 가슴이 뛸까 생각해보고, 가능하다고 생각하는 정보를 취합해 돈을 많이 벌 수 있는 일을 찾아야 한다. 신문배달을 하면서 한 달에 1천만 원을 벌겠다고 생각하면 내가 원하는 돈은 현실과 생각의 연결 끈이 없으므로 이뤄지기 어렵다. 왜냐하면 사람이 하루에 일할 수 있는 시간은 정해져 있고 그 시간 안에 벌 수 있는 수익이 정해져 있는데, 벌고 싶은 목표와 하겠다는 일이 부정합(不整合)하기 때문이다.

이렇듯 시냅스가 연결되지 않고 떠도는 생각에 에너지를 낭비하지 마라. 전선이 연결되지 않으면 전기가 들어오지도 않지만 누수 가능성도 있다. 에너지를 정확한 곳에 사용하기 위해서는 전기선이 연결돼야 한다. 당신의 시냅스가 정확한 곳에 연결될 때 확신이라는 강력한 에너지 진동을 통해 원하는 물질을 창조할 수 있다.

상상이 현실이 되는 실천법

다음은 1장부터 지금까지 반복해서 이야기해왔던 것들이다. 이 과정들을 충분히 이해할 수 있는지 점검해보자.

1단계 : 자신이 이루고 싶은 목표를 적는다.

2단계 : 그것이 가능하려면 자신이 무엇을 해야 하는지 적어본다.

3단계 : 목표를 이루는 데 방해가 되는 것을 적어본다.
그 원인이 된 과거의 기억을 되짚어보고 충분히 이해하고 벗어난다.

4단계 : 목표를 이뤄낸 자신을 상상한다.
목표를 이룬 순간의 감정을 충분히 느끼면서 상상한다.

목표를 향해
에너지를 움직여라

목적이 없으면
무기력에 빠진다

확실한 목적이 없어 보이는데 "돈이 많았으면 좋겠다"며 무조건 부자가 되고 싶다고 하는 사람들이 있다. 우리 센터에서는 그런 사람들에게 돈다발을 가득 채워놓은 트렁크를 건네준다. "이 돈으로 뭐 하실래요?" 하면, 그렇게 돈을 원하는데도 돈다발을 보며 당황해한다.

'어? 뭘 해야 되지?' 싶은 것이다. 돈에 대한 목표, 돈에 대한 시냅스가 명확하게 연결되어 있지 않기 때문이다.

자신의 현실을 정확하게 인식하지 않고 현실성 없는 물질적 목표를 세우는 경우에도 자신이 원하는 현실을 만나기가 어렵다. 불명확한 목표는 안개 속을 헤매는 것과 같아서 불명확한 파동이 만들어져서 원하는 현실로 연결하기가 어려운 것이다.

예를 들면 현재 200만 원의 급여를 받는 사람이 외제차를 타며 80평 아파트에서 살면서 1년에 3개월은 해외여행을 다니며 살겠다고 물질적 목표를 잡는다고 하자. 이것은 현실과 정합되지 않는 목표 안에서 길을 찾는 것이기 때문에 현실에서는 멀게만 느껴질 것이다. 내가 서 있는 곳에서 가고 싶은 곳으로 이어지는 길이 없다면 우리는 가지 못하는 곳을 바라만 보다가 결국에는 무기력에 빠져 능력 없는 자신과 세상을 비난하면서 불행 속에서 살 수도 있다.

사람들은 돈을 많이 벌고 싶어 하지만, 도대체 왜 벌어야 하는지, 얼마를 벌어야 하는지, 돈 벌어서 어디에 써야 하는지에 대한 정확한 계획이 없는 경우가 허다하다. 목적 없는 길을 떠나면 자신이 어디로 가는지도 모르고, 그런 사람들은 돈이 생겨도 명확한 목적을 부여하지 않기 때문에 결국 돈이 사라지는 경험을 하게 된다. 내 통장에 명확한 의도가 없는 돈이 있다면 아무런 역할을 하지 못할 것이며, 결국엔 그 돈이 필요한 사람을 위해 나를 떠나버릴지도 모른다.

자신의 생각과 현실을 연결할 수 있는 '목표'는 힘을 내서 길을 찾을 수 있는 최고의 방법이 된다. 적금을 열심히 붓고 만기가 되어 목돈이 생겼는데 딱히 쓸데가 없어 부모형제나 친구에게 빌려줬다가 돌려받지 못하는 경우는 흔히 볼 수 있는 사례다. 그래서 그 돈의 목적을 정하고 통장에 이름표를 붙여야 한다. 목적을 정하면 에너지는 목적을 위해 사용되기 때문이다.

자신의 돈에 이름표를 붙이면 돈을 어디에 쓰고 싶은 건지 스스로 명확하게 인식할 수 있다. 이 돈은 차 살 돈, 이 돈은 집 살 돈, 이 돈은 아이 대학 등록금…… 이런 식이다.

누가 나한테 "3천만 원 좀 빌려줘"라고 해도 목적성이 있는 돈은 움직이지 않는다. 다른 사람에게 가지 않는 것이다. 이렇듯 돈은 목적이 있어야 한다. 돈은 목적을 위해 움직인다.

대학원 다닐 자금으로 쓰일 돈인데 은행원이 여행적금을 권해서 그 돈을 여행적금에 넣었다고 해보자. 이럴 땐 대학원 공부라는 에너지에 여행이라는 다른 에너지가 더해져 방향성 상실이 일어날 수 있다. 정훈이라는 남자와 사귀는데 태형이라는 남자가 자꾸 전화하고 프로포즈를 한다면 내 마음이 흔들릴 수 있는 것과 같다.

만약 원하지 않는 곳에 자신의 중요 에너지가 쓰인다면, 그것은 핵심 에너지를 낭비하고 있는 것이다. 자신이 원하는 것을 위해 돈을 벌겠다고 목표를 세울 때 원하는 물질이 강력하게 채워질 것이다. 그러나 원하는 것을 얻기 위해서는 구체적인 실현 계획이 있어야 한다. 내가 가고자 하는 곳이 있을 때는 길을 떠나기 전에 목적지를 확인하고 차를 타고 고속도로를 달리면서 중간중간 이정표를 확인하는 것처럼 주 목표, 월 목표, 분기별 목표, 1년 목표, 3년 목표, 10년 목표 등을 구체적으로 적고, 그것에 대한 실천 계획도 구체화해서 실행해야 할 것이다.

이때 어느 정도 연결성이 있거나 가능성이 있는 목표를 적어야 한다. 내 머리와 가슴으로 받아들여지고 고개가 끄덕여진다면 그것은 가능한 목표일 것이다. 목표란 가고자 하는 방향이다. 수영으로 지금 50미터를 완주했으면 다음엔 100미터, 그다음엔 500미터를 계획으로 잡을 수 있다. 목표는 가능성 있는 방향의 설정이다.

목표를 향해 가는 마지막 목표는 자신의 인생 목표가 된다. 평생 목표는 금액을 적는 것이 아니다. 돈을 벌어 이루고자 하는 것, 예를 들어 '세계적인 명상센터를 열어 이 지구에 이바지한다' 같은 것을 적는 것이다. 목표를 세우고 실천해가는 사람은 그 사람의 의식대로 삶과 인생이 펼쳐진다. 돈을 버는 의도와 과정을 자각하고 원치 않는 상황은 재정합을 통해 원하는 물질적 삶을 설계한다면 그는 물질을 창조해가는 자기 삶의 주인으로 살게 되는 것이다.

정말 필요한 것이
돈인가

돈이란 무엇일까? 정말 필요한 것이 돈일까? 아니면 집이 필요한 것일까? 혹시 차가 필요하거나 해외여행을 가고 싶은 건 아닐까? 가고 싶은 곳이 있어서 차를 타고 나서려면 기름이 필요한 것처럼 내가 원하는 것을 이루려면 돈은 꼭 필요한 강력한 에너지체다.

내가 목적을 가질 때 돈은 살아 움직인다. 그런데 돈이 목적이 되어 살아가는 경우는 어떨까? 돈 벌어서 잘 살겠다는 사람이 만약 돈 때문에 하기 싫은 일을 해야 한다면 그것은 돈을 버는 목표에 정합되지 않는 상황일지도 모른다.

돈을 벌기 위해서 술집에 나가거나 마약을 밀매한다면 행복과 돈을 맞바꾸게 될지도 모른다. 이런 생각은 우리를 돈의 노예로 전락시킨다. 그래서 돈을 벌고 싶은 사람에게 가장 중요한 것은 돈 벌어서 이루고 싶은 것, 하고 싶은 것이 무엇인지 명확히 하는 것이다.

'행복하게 살기 위해 돈을 번다'고 하면서 힘겨운 씨름을 계속할 것인가, 아니면 재미있게 행복하게 일하면서 돈을 벌 것인가? 후자의 경우일 때 내가 원하는 삶을 위한 돈이 나와 기꺼이 함께할 것이다. 만약 지금 하고 있는 일이 행복하지 않다면 일을 바꾸든지 마음을 바꾸든지 선택해야 할 것이다. 삶의 목적을 위해서든 돈이 필요해서든 그 일을 선택할 사람은 자기 자신이다.

핵심 에너지를
어디에 쓸 것인가

스트레스 상황을 강력하게 기억함으로써 부정적인 것들이 자신의 신념으로 작용하게 되는 경우가 있다. 그런 부정적인 신념의 예를 들자면, 한국의 아버지들은 '부인과 애들을 먹여 살리느라 밤낮으로 일한다'고 설정함으로써 스스로를 '가족을 위해 힘겹게 돈 버는 사람'으로 설정해버리는 경우가 많다. 또 어머니들의 경우에는 가족을 위해 먹을 것 못 먹고, 입을 것 못 입고, 하고 싶은 것도 참는 다면서 돈에 대한 피해의식으로 살아가는 경우도 많다.

오래전 전쟁을 겪으며 재건을 위해 어렵게 살아온 사회 전반적 인 분위기를 정보로 받아들여 살아가기 때문이다. 사회의 부정적 정보 속에서 언제나 어려움을 정보로 받아들이며 산다면 삶은 항상 힘겨움을 벗어날 수 없을 것이다.

먹고살기 위해 돈을 벌거나 누군가를 먹여 살리기 위해 돈을 벌 때 돈의 목적은 곧 '생존'이 된다. 이런 생각은 우리가 마치 돈을 벌기 위해서 사는 사람인 것처럼 전락시킨다. 돈의 노예가 되는 것이다.

우리는 몸과 마음과 물질적 풍요를 위해서 돈이라는 귀중한 연 료가 필요한 것뿐이다. 돈에 대한 부정적 관념과 생각이 작동하면 돈을 통해 불행을 느끼고, 돈의 신념이 엉켜 원하는 풍요를 가져오 지 못할 것이다. 또 혹시라도 돈에 대한 죄책감이 형성되면, 돈이 많 아졌을 때 자신이 뭔가 잘못 사는 것처럼 스스로를 비난하고 공격 하고 벌을 주기도 한다. 마치 돈이 많으면 세상을 이상하게 사는 사 람인 것처럼 또는 가난한 사람을 착취한 것처럼 자신을 취급해버리 는 것이다.

돈은 풍요로운 우주의 열매다. 돈 없는 사람의 가해자는 부자가 아니다. 돈 없는 사람들은 돈에 대한 피해의식이나 힘겨움을 경험 하는 과정을 겪으며 돈을 배워가는 중일 수도 있다. 돈이 필요 없다 거나 불편하다고 생각하는 사람들에게는 돈도 그에게 가지 않는다는 것을 알아야 한다. 우리들 삶의 목표는 돈이 아니라 각자의 원하는 삶이다.

돈은 그저 그것을 위해 필요한 매개체일 뿐이다. 돈에 대한 부정적인 관념들을 없애고 우리가 원하는 것들에 대해 강력하게 의미를 부여한다면 '돈'은 편안하게 우리를 따라올 것이다.

Key Action 06

물질적 목표 정하기

돈은 사실 도구다. 돈 자체가 목적이라기보다 돈을 통해서 이루려는 목표가 있을 것이다. 그것에 접근하기 위해 나 자신을 충분히 이해하고 꺼내서 정렬하는 작업을 해보자.

예를 들면 '고정적인 수입은 있으나 충분치 않다'든가, '안정적이면서 물질을 충분히 누리는 삶을 원한다'든가, '더 큰 욕심이 있고 나는 스케일이 큰 사람'이라는 것을 들여다보는 것이다. 내 안의 욕구를 들여다보고 원하는 것들을 적어보는 액션이다.

1단계 : 계획 세우기

① 돈을 통해서 무엇을 이루고 싶은가?   (예시) 내 집 마련

② 그것을 위해 뭘 해야 하나?   (예시) 저축, 재테크

2단계 : 세부 계획 세우기

1단계에서 끝나면 뇌의 시냅스 연결이 안 된다.

③ 어떤 식으로 저축할 것인가, 월급에서 30%를 뗄 것인가, 다른 투잡

이 있나? 재테크는 뭘 택할 것인가?

(예시) 월급의 30%를 저축하고, 10%는 주식에, 10%는 부동산에 투자
한다.

④ 물질 목표를 정한다. 1년 안에 얼마 벌 것인가? 3년, 5년, 10년 안에
얼마를 벌 것인가? 나의 평생 목표는 무엇인가?

(예시) 1년에 3천만 원, 3년에 1억 원, 5년에 3억 원, 10년에 7억 원,
글로벌 게스트하우스를 열어 세계인에게 한국을 알린다.

⑤ 안정적인 삶을 원하는가? 어떨 때 안정이 되는가?

(예시) 돈이 있고 내 재산이 있어야 한다.

⑥ 크고 좋은 집이 있으면 안정적인가, 건물이 있어야 안정적인가?

(예시) 집은 작아도 아늑한 곳에 살면 되고, 임대수익이 나는 건물이
있어야 안정감을 느낀다.

⑦ 월급 외에 고정수입이 생기면 어디에 쓸 것인가?

(예시) 여행도 자주 다니고 자기개발과 재테크를 할 것이다.

3단계 : 문제점 찾기

4단계 : 해결점 찾기

5단계 : 도장 찍기

앞에서 나의 목표를 쓴 종이에 자신과의 약속의 의미하는 도장을 꾹 찍
는다. 돈은 생각을 물질화하는 창조의 핵심 에너지다. 감정까지 포함해 내
안의 것들을 인식하고(완벽한 이해를 넘어 체화된 받아들임) 있는 그대로의 현재
상황을 인지하고 목표 설정이 끝나면 생각은 현실로 옮겨갈 것이다(계획의
실천).

Thank you
Money

원하는 만큼
어떻게 만들 것인가

수확까지의 식량은 남겨두고
씨앗을 뿌려라

투자를 할 때도
안전장치가 필요하다

많은 사람들이 자신이 가진 것보다 더 많은 돈을 벌기 위해 고군분투한다. 지금의 직업을 통해 벌어들이는 수입보다 더 많은 돈을 벌기 위해 방법을 찾고 있으며, 지금 가진 종잣돈을 기반으로 재산을 불려야 한다는 생각으로 이리저리 정보를 찾아다닌다.

그런데 재산을 증식하기 위해 무리해서 빚을 내고 투자했는데 결과가 좋지 않아 종잣돈까지 모두 사라졌다면 힘겹고 어려운 현실이 그를 기다리고 있을 뿐이다. 그는 얼마 지나지 않아 생존의 불안감과 마주서게 될 것이다.

감자 농사를 하는 농부가 올해 감자칩 수요가 폭발적으로 늘어날 것이라는 정보를 듣고 감자 수확을 늘리기 위해 씨감자 심는 양을 대폭 늘리기로 했다. 그러나 아무리 정보가 확실해도 씨감자를 심을 때 다음 수확 전까지 가족들이 먹을 만큼의 감자는 남겨두고 심어야 한다. 모든 걸 올인하는 동안 식구들은 굶고 있을 수도 있다.

투자도 그래야 한다. 우리는 왜 돈을 벌려고 할까? 그중 가장 큰 부분을 차지하는 것은 자신과 가족들의 안녕을 위해서일 것이다. 그런데 투자가 원래의 목적을 위협한다면 본말(本末)이 전도된 것이다. 빚도 재산이라고 말하는 사람들이 있지만, 자신이 감당할 만한 여력 안에서 전략적으로 투자를 계획할 때 빚도 재산이 될 수 있다.

투자를 전문으로 하는 이들은 포트폴리오를 잘 짜서 자산을 안전하게 나누어 리스크에 대비한다. 변수가 생기더라도 최소한의 생계나 다시 돈을 불릴 수 있는 재투자 여력은 남겨두는 것을 원칙으로 한다. 그 이유는 투자 목적이 안정과 번영이기 때문이다.

반면 비전문가들은 투자 수익을 얻을 수 있는 기회가 왔을 때 일확천금의 인생 역전을 꿈꾸면서 무리한 투자를 하는 경우가 많다. 욕심이 앞서기 때문에 자신이 감당할 수 있는 선을 고려하지 않는 것이다.

투자 수익만 생각하고 자신과 가족의 생계를 준비하지 않으면 혹독한 대가를 치르게 마련이다. 자신의 삶을 절벽에 세운 결과, 절벽에서 다시 길을 찾아 내려오기까지 너무나 험난한 어려움과 시련을 겪는다. 절벽 위에 섰을 때 구원의 헬기가 와서 광명을 찾으면 다

행이지만, 절벽 아래로 추락할 수도 있다.

자신의 마이너스를 수용할 수 있는 시냅스가 없는 사람들은 극단적 선택을 하기도 한다. 자신의 힘든 상황을 있는 그대로 받아들이지 않기 때문이다.

독일에서 부자 순위 5위였던 한 억만장자가 주식거래에서 큰 손실을 입어 회사가 자금난에 빠지자 열차에 몸을 던져 자살한 사건이 있었다. 그가 가진 재산의 일부분이 손실되었을 뿐인데도 그러한 상황을 받아들이지 못해 극단적인 선택을 한 것이다.

강남의 20억대 아파트에 사는 남자가 자살한 사건도 동일한 원인에 기인한 결과다. 명문대 출신의 대기업 과장이었던 그는 주식에 투자했다가 10억 원을 날리자 상실감을 견디지 못했던 것이다. 남은 돈 10억 원을 가지고 다른 동네로 이사해 다시 시작하면 된다는 생각은 하지 못한 것이다.

자기만의 원칙을
만들어라

성공을 위한 삶에는 언제나 도전이 있다. 미래의 비전을 위해서라면 모험을 해야 한다는 말도 맞고 더 풍요롭고 행복해지길 바라는 마음도 중요하지만, 지금의 행복을 지켜나가는 것도 중요하다. 도전하면서 자신을 낭떠러지 사이에서 아슬아슬한 곡예를 하게 만들지만 않는다면 삶은 언제나 새로운 경험이 될 것이다. 자신과 가족의 번영과 행복을 위해 투자하는 것이라는 원칙만 지킨다면 말이다.

그런데 자신과 가족을 위해 돈을 벌겠다며 소중한 친척과 친구들의 돈을 빌려 무리한 투자를 하는 사람도 있다. 만일 결과가 자신의 뜻대로 되지 않으면 물질뿐만 아니라 관계의 불편함까지 겪어야 한다. 돈을 빌려준 친척과 친구, 지인이 너무나 큰 희생을 치러야 한다면 정말로 참담할 것이다.

간혹 보증을 잘못 서주어 대신 빚을 갚아주다가 집이 은행에 넘어갔다거나 돈을 빌려줬는데 받지 못했다는 이야기들을 종종 들을 수 있는데 참으로 안타까운 일이다.

안정적인 사람에게
안정적인 돈이 찾아온다

내가 투자하는 곳을 타인에게 소개했을 경우에도 그 결과가 마음대로 되지 않는다면 큰 낭패를 볼 수 있다. "왜 소개했냐"는 원망을 들을 수도 있고, "네가 소개했으니 네가 돈을 물어내라"고 책임을 떠넘기면서 말도 안 되는 억지를 쓰는 경우도 있다. 반대로 소개받은 사람이 투자에서 큰 수익을 얻었다면 "네가 소개했으니 이 수익금을 가져라"고 말했을까? 어처구니없는 상황이지만 실제 벌어지고 있는 일이다.

주변에 주식 투자를 하는 사람이 있으면 "어떤 주식이 좋으냐"고 물어보는 사람들이 꼭 한 명씩 있다. 이럴 때 유망한 종목을 추천해줬다가 "그 사람 말만 듣고 샀다가 망했다"는 소리를 들을 수 있다. 그러니 자신의 투자에 대한 생각을 남에게 전할 때도 신중해야 할 것이다.

그리고 정말 자신의 번영을 위해 투자하겠다고 결정했다면 자신이 소화할 수 있는 정보를 수집하고 그것에 대해서 공부해서 그 정보에 자기 확신이 생겼을 때 투자해야 한다. 왜냐하면 투자의 모든 책임은 투자한 본인에게 있기 때문이다. 남의 말을 듣고 솔깃하더라도 투자에 대한 확신이 없다면 욕심이 나더라도 확신이 생길 때까지 공부하고 준비하면서 기다리는 것이 옳다. 좋은 기회는 또다시 오는 법이다.

준비된 사람에게 세상은 항상 많은 기회를 준다. 우리가 어릴 적 글을 읽고 쓰는 것을 공부했기 때문에 정보를 습득할 수 있는 것처럼, 돈을 벌기 위해서도 공부를 해야 한다. 내가 원하는 길을 찾아갈 수 있도록 정보를 선별하는 안목을 갖춰야 한다. 그리고 확신이 들 때 나의 돈을 만날 수 있을 것이다. 돈을 공부하며 알아갈수록 돈은 더 가까워진다. 만약 주식 투자로 돈을 벌고 싶은데 남에게 물어봐서 투자한다면 그건 돈 버는 것을 운에 맡기는 것과 같다. 자신의 운명과 풍요를 남에게 맡기는 셈이다. 진정 돈을 통해 행복과 번영을 원한다면 소중한 내 돈을 절벽에 세워 모험을 거는 행동은 신중하게 생각해보기 바란다.

투자가 실패해도 재투자할 수 있는 최소한의 준비자금이 마련되어 있다면 당신의 투자는 아주 흥미로울 것이며, 당신은 계속해서 좋은 기회를 만날 것이다. 당신이 안정적일 때 안정된 돈이 찾아온다.

감당할 수 있을 만큼만
투자하라

만약 어딘가에 투자를 했는데 잘 안 됐다 해도 그것과 상관없이 최소한의 생존 금액이 들어온다면, 그 투자는 위험하지 않은 것이다. 그런데 그런 안전장치 없이 올인한다면 문제가 있는 것이다. 투자 후 6개월 정도 지나면 수익이 날 것 같다면, 투자와 상관없이 6개월 동안 내가 벌 수 있는 돈, 생존을 위해 지출할 금액도 모두 고려해서 투자하는 것이 맞다.

내가 생존하기 위해 필요한 최소한의 금액이 한 달에 300만 원이며 한 달에 평균 500만 원을 번다고 해보자. 손실이 나도 감당할 수 있는 금액이 3천만 원이라면 이 중에 최소 생존 금액인 300만 원을 남겨놓고 나머지를 투자하는 것이다. 손실이 나도 이것을 몇 년에 걸쳐 갚을 수는 없기 때문에 1년이든 6개월이든 그것을 감당할 수 있는 기간을 정한다.

여기서 포인트는 자기 상황을 있는 그대로 들여다봐야 한다는 것이다. '돈이 들어올 거야'라는 환상을 가지기 시작하면 현실이 잘 안 보인다. 과거에 돈이 많았던 사람들은 쓰던 가락, 살던 가락, 누리던 가락이 있어서 돈이 사라진 상황을 힘들어한다. 그래서 돈이 아무리 없어도 비행기는 비즈니스클래스를 꼭 타겠다는 결정을 하기도 한다. 내가 감당할 수 있는 현실적 삶의 질이나 살아온 밸런스도 잘 맞아야한다. 자신의 재정 상태에서 그것들을 감안해서 감당할 수 있는 투자금액을 설정해야 할 것이다.

투자는 자신이 감당할 수 있는 만큼이어야 삶의 안정이 흔들리지 않는다. 그러기 위해서는 자신의 마음을 잘 들여다보고 적절한 금액을 신중하게 투자해야 한다.

Key Action 01

나는 어느 때 안정감을 느끼는가

안정감을 해치지 않고 투자하기 위한 액션 프로그램을 해보자.
다음의 질문에 깊이 생각해보고 종이에 대답을 적어보자.

- 나는 어떨 때 안정감을 느끼는가?
- 나에게 최소한의 생존은 무엇인가?
- 투자의 위험 부담을 위해 나는 얼마를 남겨둘 것인가?

풍요를 가져오는
씨앗 뿌리기 대원칙

마음에서 피는 꽃,
황금씨앗 나누기

생각이 생각으로만 머물고 행동으로 옮겨가지 않는 것은 현실 영역에서 몸에 배어 있지 않았기 때문이다. '쓰기'를 비롯해 몸을 움직이면서 액션 프로그램을 해보는 것은 중요하다. 몸으로 움직이며 자기 안에 있는 것들을 시각적으로 재현해내는 만다라 그리기 작업도 효과가 좋다.

호두에 금박을 입혀서 사람들에게 나눠주는 그룹 코칭을 한 적이 있다. 나는 이것을 '황금씨앗 나누기'라고 불렀다.

누군가에게 황금씨앗을 받으면 내 옆 사람에게 나눠주고, 또 받으면 다시 나눠주는 과정을 반복하는데, 이를 통해 씨앗이 자라고 퍼지고 순환되는 과정을 몸으로 체험할 수 있다. 자신이 직접 씨앗을 뿌려야 수확도 할 수 있다는 것을 체득시키기 위한 릴레이 작업이었다. 그런데 뭔가 떠오르지 않는가? 씨앗이 퍼지는 과정은 자본주의 시스템과 같다. 돈이 돌고 돌아야 자본주의는 건강하다.

좋은 씨앗을 뿌려야
좋은 열매를 거둔다

우리는 지구라는 땅에서 살아가며 자신이 뿌린 물질에 대한 씨앗을 세상에서 수확하며 살아간다. 자신의 밭에 무엇을 뿌리느냐에 따라 그 열매를 수확하게 된다. 농부가 농사를 지을 때 호박을 심으면 호박이 열리고 오이를 심으면 오이를 수확할 수 있는 것처럼, 풍요의 열매를 수확하고자 한다면 우리는 풍요의 의도를 가진 씨앗을 세상에 뿌려야 한다.

그런데 욕심의 씨앗을 뿌리면서 무조건 풍요의 열매만을 바라는 사람들이 많다. 부자가 되고 싶다면 풍요의 씨앗을 뿌려야 한다. 돈에 대한 긍정적인 말과 행동과 마음을 담은 씨앗을 심어야 좋은 의도를 담은 풍요의 열매로 열려 당신에게 수확의 기쁨을 가져다줄 수 있다.

빌 게이츠, 스티브 잡스, 워렌 버핏, 마크 저커버그 등 전 세계가 인정하는 풍요로운 부자들은 다음 네 가지 공통점을 가지고 있다.

- '돈'만 바라보지 않는다.
- 그들에게 '일'이란 사랑을 기울이는 노력이다.
- 자신을 인식하고 바라보고 자신이 원하는 것에 초점을 맞춘다.
- 부를 형성하는 밑바탕은 '자신이 원하는 것을 행복하고 즐겁게 한다'에 있다.

이처럼 자신에 대한 사랑과 일에 대한 사랑은 부에 이르는 첫걸음이다. '부'는 온전함이고 '온전함'이란 순수성의 상태, 때 묻지 않은 신성한 상태다. 우리 모두는 그런 에너지를 가지고 있다. 결국 '부'라는 것은 지극히 신성한 것이며, 누구나 내면에 가지고 있는 에너지다.

농부는 수확을 위해 제일 먼저 무엇을 심을지 결정해야 한다. 가장 최상의 결과물을 보기 위해서는 기후와 조건이 잘 맞는 최상의 조건을 찾아야 한다. 씨앗을 잘 선택하는 것은 풍요로운 수확을 거둘 수 있는 기본 조건이다. 당신의 삶도 농부처럼 현재의 상황을 있는 그대로 이해하고 수용한 뒤 원하는 것에 대한 계획을 세워야 그것들을 편안하게 이룰 수 있다.

어떤 사람은 돈이 없어서 힘들었던 과거의 기억 때문에 생존의 불안감을 느끼지 않으려고 '돈이 있어야 한다'고 생각한다. 그러나 이런 경우 돈에 관한 생각의 씨앗이 불안감이기 때문에 아무리 돈이 있어도 불안한 경험을 하게 된다.

돈에 관한 좋은 씨앗이란 불안감을 가지고 있는 생각이 아니라 편안함 속에서 행복을 추구하는 건강한 풍요의 씨앗이다. 다시 말해서 불안감 등의 불편함 속에서 의도를 만든 씨앗이 아니라 원한이 없는 편안함 속에서 순수한 원함, 바람을 가진 씨앗이다.

돈에 대한 원한을 가지고 있는 부정의 씨앗은 독을 품고 있어서 돈을 아무리 많이 번다고 할지라도 부정성을 경험하게 된다. 따라서 돈을 통해 긍정적인 열매를 얻고 싶다면 순수한 긍정의 의도 속에서 돈의 목표를 설정하고 그것을 위해 열정과 노력을 기울여야 한다.

예를 들어 좋은 집에 살면서 그동안 나를 무시했던 사람들에게 뭔가를 보여주려고 하는 것은 돈에 대한 원한을 풀겠다는 부정적 신념이다. 그렇지만 좋은 집에 살면서 가족들과 편안하고 행복하게 살겠다고 한다면 그것은 원한이 없는 긍정적 신념이다.

균형 잡힌
풍요와 행복

돈에 관한 나의 긍정적 생각을 현실화할 수 있는 방법은 바로 긍정의 생각, 긍정의 행동, 긍정의 말을 실천하는 것이다. 이것은 자신의 생각을 현실화하는 과정에서 물질적 풍요를 강화시키는 매우 중요한 훈련이다.

그런데 타인의 풍요를 축복하는 것도 사실은 나의 밭에 풍요의 씨앗을 뿌리는 것과 같다. 자기계발 기법 중에도 성공하기 전에 기부금을 따로 책정해놓고 기부를 실행하는 방법이 있다. 부자가 되기 전이든 후든 타인을 위해 기부를 하거나 봉사를 하면 자신의 물질적 풍요를 계속해서 이어나갈 수 있는 힘이 되기도 한다. 미국의 석유왕 록펠러와 철강왕 카네기 역시 기부왕으로 불렸다.

봄에 뿌린 씨앗은 가을에 수확하기 때문에 계속해서 씨앗을 뿌리는 것은 물질적 풍요를 이어가기 위해 매우 중요한 행위다. 예를 들어 부부가 살면서 계속해서 서로에게 사랑한다는 것을 표현하지 않는다면 아름다운 관계로 계속 이어나가기 어렵다. 자신의 세상에 있는 모든 것에 감사하고 그것을 축복한다면 삶은 계속해서 축복으로 이어질 것이다.

당신이 진정으로 원하는 삶을 살고 싶다면 감사의 씨앗, 축복의 씨앗을 뿌려야 한다. 이것은 실제로 당신이 원하는 삶이 현실에서 창조되는 과정이다. 존경받는 부자들이 사회를 위해 그들의 부를 나누는 것은 풍요의 순환에 매우 중요한 열쇠다.

당신이 풍요의 순환을 원한다면 그 의도에 맞는 씨앗을 뿌리고 열정과 노력을 함께해야 한다. 좋은 씨앗(좋은 의도)을 만들고 좋은 열정(감정과 행동)을 더해야 행복과 번영이라는 좋은 수확을 거둘 수 있을 것이다.

물론 타인을 돌보기 위해서는 먼저 자신을 돌보는 것이 우선돼야 한다. 자신의 가족은 생존에 어려움을 겪고 있는데 남을 위해 무리한 봉사와 기부를 한다면 이것은 균형이 맞지 않는 나눔이다. 풍요의 순환은 균형 잡힌 나눔 속에서 더욱 온전하고 강력해질 수 있다.

뿌린 대로
거둔다

당신이 뿌린 대로 그대로 돌아오는 것이 우주의 법칙이라면 당신은 우주라는 밭에 어떤 씨앗을 뿌릴 것인가. 만약 당신이 타인의 물질을 시샘하거나 그것을 욕심낸다면, 당신은 그것을 시기하고 욕심 낸 만큼 당신이 가진 에너지 중 무언가를 잃게 될 것이다. 반대로 누군가를 진심으로 돕는다면 그러한 긍정적 마음의 씨앗이 열매를 맺어 세상이 당신을 지지할 것이다.

기억하라. 자신이 진정 원하는 에너지가 응축된 긍정의 씨앗만이 당신에게 행복으로 보답할 것이다. 우주라는 밭에 당신이 어떤 의도의 씨앗을 심느냐가 중요하다. 그 씨앗의 열매는 당신의 의도대로 고스란히 주어질 것이다.

우주의 밭에 감사, 사랑, 기쁨, 행복의 씨앗을 뿌리면 그 열매는 감사, 사랑, 기쁨, 행복의 열매로 돌아올 것이다. 반대로 당신이 시기심, 분노, 두려움, 슬픔, 아픔의 씨앗을 뿌리면 시기심, 분노, 두려움, 슬픔, 아픔의 열매가 되어 당신에게 돌아올 것이다. 긍정의 씨앗은 빛의 여정으로서 살아갈 힘이 될 것이고, 부정의 씨앗은 그림자의 여정으로서 고통과 힘겨움의 삶으로 발현될 것이다.

Key Action 02

어떤 씨앗을 뿌릴 것인가

안정감을 위해서는 투자라는 씨앗을 뿌려야 한다는 것을 연습시키는 액션 활동이다.

1단계 : 씨앗으로 삼을 수 있는 것을 준비한다.

호두나 아몬드도 좋고 초콜릿을 준비해도 좋다. 작은 단위로 포장된 상태면 더 좋다. 그 위에 자신이 3년 안에 원하는 돈을 적는다. 예를 들면 '3억 원'이라고 적는다. 그리고 또 다른 씨앗에 3년 안에 그 돈을 벌 수 있는 도구가 될 만한 것을 적는다. 예를 들어 자신이 투자한 아이템이 잘 팔리는 것으로 돈을 벌겠다고 한다면 '대박'이라고 적어도 좋다.

2단계 : 씨앗을 옆 사람에게 건네며 순환시킨다.

씨앗을 나눌 때는 줄 때도 기분 좋고 받을 때도 기분 좋다. 그 느낌을 충분히 살린다.

만약 3명이 있다면 A가 B에게 "대박 나실 겁니다" 말하면서 씨앗을 손에 건네주고, B는 다시 C에게 "대박 나실 겁니다" 하면서 씨앗을 건네준다.

C는 또 A에게 "대박 나실 겁니다" 하면서 씨앗을 건네준다.

왼손으로 오른손에 씨앗을 건네줄 때 "대박 나서 3억 버실 겁니다" 하면서 건네준다고 하면, 실제로 대박이 나서 3억 원을 번 상황을 상상하면서 그 감정을 그대로 느끼면서 자신의 반응을 입으로 내뱉는다. "고맙습니다", "감사합니다" 등 바로바로 떠오르는 내 안의 반응을 입으로 내뱉는다. 처음엔 쑥스럽거나 잘 안 될 수도 있지만 그대로 계속 연습하면서 일곱 번 반복한다.

만일 혼자 해야 한다면 오른손은 왼손에게, 왼손은 오른손에게 다시 건네주는 식으로 하면 된다. 이것을 일곱 번 반복한다.

돈과 사랑에
빠져라

내가 돈을 사랑하지 않으면
돈도 나를 사랑하지 않는다

"나는 돈을 사랑한다"고 말한다면 영화 속 대사 같거나 속물 같은 느낌이거나 수준이 좀 떨어진 사람이 하는 말처럼 생각될 수도 있다. 하지만 돈은 충분히 사랑받을 만한 가치나 역할을 하고 있다. 우리에게 원하는 것들을 가져다주기 때문이다.

돈에 대해 감사함이나 사랑을 꺼내는 것 자체가 낯설게 느껴지는 것은 시냅스가 없기 때문이다. 그 말이나 감정에 대한 정보의 연결이 없기 때문에 어색한 것이다.

그러나 어떤 사물이나 어떤 대상도 사랑을 받으면 아름답게 빛을 낼 수 있다. 부모로부터 온전한 사랑을 듬뿍 받고 자란 아이들은 부족감을 느끼지 않는다. 이런 아이들이 성장해서 다른 이들에게 사랑을 나눠줄 수 있는 것은 그 아이가 부족함의 상태가 아닌 풍요로움의 상태에 있기 때문이다.

연인 간의 사랑이 시간이 흐를수록 이기적으로 변해가는 것은 사랑을 '받는 것'에 에너지가 집중되기 때문이다. 형제 관계에서도 서로 부모의 사랑을 차지하기 위해 쟁탈전이 벌어지기도 한다. 사랑이라는 에너지는 이렇듯 강력한 힘을 가지고 있지만, 사랑에 대한 지지와 균형 잡힌 사랑일 때에야 더 큰 확장이 일어난다.

연예인들은 반짝반짝 빛이 난다. 그것은 많은 사람들의 주목을 받으면서 그 에너지가 더해지기 때문이다. 돈도 우리의 사랑을 받으면 우리 안에서 반짝반짝 빛을 낼 것이다. 그렇게 에너지를 발광하게 하는 것이 바로 사랑이다.

당신은 돈을 사랑하는가? 만약 돈을 사랑하지 않는다면 돈도 당신을 사랑하지 않을 것이다. 곁에 오래 머무르고 싶지 않을 것이며 빨리 당신에게서 벗어나고 싶을 것이다. 당신이 돈을 무시한다면 돈은 토라져서 당신을 쳐다보지도 않을 것이다. 당신이 돈을 외면하지 않고 존중한다면 돈은 당신에게 다가와서 함께할 것이며, 돈과 사랑에 빠진다면 돈은 당신이 원하는 그 무엇도 해주고 싶을 것이다.

그동안 당신 곁에 함께 있어준 돈과 사랑에 빠져, 돈에게 흠뻑 사랑받으며 살아가는 당신을 상상해보자.

새롭게 다시 시작할
돈과의 관계

우리는 돈에 대해서 자주 들었던 정보대로 돈을 경험한다. 그동안 돈에 대한 서운함과 원한이 있었다면 나에게 있어서 돈은 '원수'처럼 불편한 관계였을 것이다. 이제 그 관계를 떠나 돈과 새롭게 관계를 시작해야 한다.

사실 돈은 아무 잘못이 없다. 바로 지금 이 순간부터 돈과 새롭고 아름다운 사랑을 시작할 때다. 사랑이란 사전적 의미로도 어떤 사람이나 존재를 몹시 아끼고 귀중히 여기는 마음, 어떤 사람이나 대상을 아끼고 소중히 여기거나 즐기는 마음 그리고 남을 이해하고 돕는 마음이다.

당신은 돈과 어떤 관계를 맺을 것인가? 우리 어머니는 '돈은 많으면 큰일이 난다'는 식으로 관계를 맺었다. 부자의 재산을 빼앗기는 북한에서 빈손으로 도망치는 경험을 했기 때문에 '불행'에 돈을 더해서 '불행한 돈'을 만들어버린 것이다.

그렇지만 사실 돈이 잘못한 게 아니다. 우리는 돈과 불행을 따로 분리하고, 있는 그대로 바라봐야 한다.

현재 나는 돈을 통해서 무엇을 얻고 있는가?
앞으로 나는 돈을 통해서 무엇을 갖고 싶은가?
현재 나의 돈을 나보다 돈이 많은 사람들과 비교한다면 돈 때문에 내가 불행하다고 느낄 것이다. '돈이 없다'는 건 내가 원하는 만큼 없다는 것일지도 모른다. 어쩌면 돈을 많이 벌 수 없는 일을 선택해놓고 스스로 돈을 못 번다고 자신을 타박하는 것일 수도 있다.

자신의 상황에 맞게
삶을 세팅하라

2004년쯤에 나의 마이너스 신념에 대한 '자각'을 하고 나서 나는 나 자신에게 벤츠를 선물했다. 그때는 번 돈으로 나에게 보상을 해주고 싶은 생각이었는데, 벤츠를 사고 나서도 그리 기분이 나아지지는 않았다. 아마도 절실히 원해서 산 것이 아니었기 때문일 것이다.

나는 84평짜리 큰 집에 살았는데, 내가 쓰는 공간은 정해져 있었다. 그 당시 투자를 위해서라면 소형 아파트 두 채를 샀어야 했는데 살고 싶은 집에 살기 위해서 빌라를 샀다. 돈을 포기하고 공간을 선택한 것이다. 그러나 돈을 포기하지 않으면서도 공간도 적절히 가질 수 있었다는 사실을 나중에 알게 되었다. 그 후 아파트는 2배 이상 올랐고 빌라는 가격이 그대로였다.

현재 자신의 상황에 정말 적정한 것, 스트레스 받지 않고 기쁘게 할 수 있는 것이 가장 행복한 것이라는 것을 그때 깨달았다. 그것이 삶의 균형이다.

삶은 자신의 상황에 맞는 세팅을 하는 것이다. 만약 월 300만 원을 번다면 그 금액 맞는 생활을 세팅하고, 400만 원을 벌면 거기에 또 맞추면 된다.

만약 연봉이 1억 원이었다가 5천만 원으로 떨어졌다면 5천만 원에 맞는 세팅을 하고 살면 되는데, 사람들은 '왕년에 내가 어떻게 살았는데' 하는 과거에 사로잡혀 있는 경우가 많다. 또 옆에 부자 친구들이 많을 때는 친구들과 경쟁하거나 비교하면서 자신을 초라하게 만든다. '나도 저런 멋진 차를 몰고 다녔으면⋯⋯', '명품옷을 입으니 사람이 달라보이네⋯⋯' 하는 반응을 보이는 것이다. 이렇게 '부럽다'고 구경만 하는 것으로는 내가 원하는 그 길로 가는 브릿지를 만들지 못한다. 길을 만들어내는 행동력, 기획력이 있고, 실제 준비가 되어야 그 일이 일어날 수 있다. '부럽다'는 '나는 못해'와 똑같은 것이다. 그래서 '평생 부러워하다 죽었다'는 묘비명도 있는 것이다.

돈과 삶의 균형을
맞춰라

돈이 목적인가,
삶이 목적인가

　돈은 에너지체다. 따라서 돈은 당신의 의도와 쓰임 에너지가 적
절한 균형을 인식해 만들었을 때 가장 강력하게 그 힘이 사용된다.
균형은 한쪽으로 기울어지지 않고 안정을 이루는 상태다. 만약 당
신이 벌어들이고 있는 수입과 맞지 않는 과다한 지출을 한다면 당
신은 물질과의 관계에서 균형이 깨진 것이다. 여기서 균형이란 무
게를 가진 물체가 한쪽으로 기울지 않고 안정을 이루는 상태를 말
한다.

　힘들고 어려운 사람을 보면 돕고 싶은 생각이 들 수 있다. 그러

나 당신의 재정 상태가 부족한 상황을 경험하면서 타인을 돕는 데 집중한다면 당신은 물질적 부족감을 경험해야 할 것이다. 집안의 생계가 어려운 사람이 자신의 가족을 부양할 돈을 외부의 힘든 사람에게 나눠줌으로써 그 사람이 겪어야 할 어려움을 대신해서 겪을 수도 있다. 자신의 수입보다 과도한 소비를 하는 경우에도 삶의 균형이 깨지며 불균형의 어려움을 겪는다.

다음 두 부부의 이야기를 통해 돈과 삶의 균형에 대해 생각해보자.

첫 번째 부부의 경우, 남편이 어렵게 벌어온 돈을 부인이 자신의 치장을 위해 흥청망청 쓰면서 "돈을 많이 벌어다주지 않는다"며 돈이 많은 다른 남편과 비교하면서 남편을 비난했다. 그 남편은 부인에게 열심히 돈을 벌어다주면서도 더 벌어오지 못한다고 윽박지르는 부인을 무서워하며 무능한 자신을 비관했다. 남편은 불행한 삶을 살다가 어느 날 큰 병에 걸려서 죽고 말았다.

두 번째 부부는 첫 번째 부부와 상반된 경우다. 남편이 돈을 많이 벌어서 부자가 되었지만, 부인은 그 돈을 한 푼도 쓰지 못하고 모으기만 했다. 가난했던 시절에 너무 고생했던 기억이 떠올라 다시 그때로 돌아갈까 봐 두려웠기 때문이다. 돈은 많았지만 고생은 끝나지 않았고 힘겨운 나날을 보내다가 부인은 어느 날 큰 병에 걸려 죽고 말았다.

할머니가 돌아가시면 장판 밑을 꼭 살펴보라는 말이 있는 것도 이런 사람 때문이리라. 돈이 있어야 한다는 생각으로 아파도 병원에 가지 않고, 먹고 싶은 것도 참아가며 그 돈을 남기고 돌아가셨다면 돈이 필요해서가 아니라 돈을 모아야 한다는 생각으로 살아왔던 것이다.

돈에 대한 목표는 명확해야 한다. 돈이 없으면 안 된다는 생각은 할 수 있지만, 돈을 통해 행복한 삶을 살겠다는 목적을 뒤로한 채 돈 그 자체가 목적이 되면 안 된다. 극단적인 경우 돈이 없다고 절망하여 자살하는 사람도 있다.

우리가 돈이 없는 상태에 집중해 계속해서 투덜거린다면 돈이 있든 없든 돈을 통해 '돈 없음'을 경험할 것이다. 미래에 원하는 것과 현재의 불안함이 함께한다면 그 불균형은 우리가 원하는 풍요로운 현실을 가져다주지 않는다.

수입에 맞는 균형 있는 지출을 하지 않는다면 원하는 것들에 대한 균형이 깨져버려 하루하루를 허덕이며 고달픔을 경험해야 할지도 모른다. 당신이 원하는 것이 물질의 풍요라면 현재의 물질 상태를 정확하게 인정하고 생각과 실천의 균형을 이루며 미래를 준비해야 한다.

균형을 맞추려면
마이너스 파장을 깨뜨려야 한다

삶의 균형이 안 맞을 때 벌어지는 일들이 있다. 자식에게 제대로 못해줘서 미안해하면서 키울 경우 성인이 됐을 때 부모를 죄인

취급하는 경우가 있다. 그리고 "내가 전생에 죄가 많아서 너를 만났다"고 하면 그 아이는 나중에 "당신이 나한테 죄인이니까 나한테 주는 게 당연한 거야. 내놔" 하는 식이 된다.

자식은 피해자, 부모는 가해자로 설정해서 당당하게 행동하는 것이다. 자식이 자기합리화를 위한 시나리오를 강화해서 부모를 가해자로 설정하고 자신은 피해자로 만든 후 마치 사실인 것처럼 설정하여 살아가는 경우, 이는 부모가 문제일까? 자식이 문제일까?

균형이 맞지 않는 돈을 가져갈 때는 마이너스 에너지를 만들어서 균형을 맞추는 어이없는 경우도 있다.

"전생에 넌 내 부모였고 아마도 그때 나를 버렸을 거야"라고 말하는 친구가 있었다. 그 친구에게 힘든 일이 생길 때마다 반복돼서 도와주었는데 그때 그 친구가 나에게 했던 말이다.

'전생에 나를 버린 부모였던 것 같다'란 말은 전생에 네가 날 버렸으니 나에게 도움을 주는 건 당연하다는 설정으로 불균형을 극복하려 했던 것 같다. 정말이든 지어낸 이야기든 수많은 전생 중에 만약 그런 일이 있었다 해도 과거는 흘러간 것이니 이는 부적절한 처사다. 이제는 그 친구를 만나지 않는 것을 보면 전생에 부모 자식 관계는 아니었던 듯하다.

나의 삶에서 균형이 안 맞는 돈 관계는 그런 식이었다. 친구가 찾아와서 쭈뼛쭈뼛하며 말을 못 꺼내고 많이 힘들어 보이면 그 친구는 아직 요청하지도 않았는데 나는 이미 연민에 차서 도움을 주었다. 그렇게 난 불균형의 관계를 반복적으로 경험했다.

나는 그들에게 '돈'이라는 내 핵심 에너지를 떼어내서 건네준 것이다. 간 떼어주고 쓸개 떼어주는 것과 다를 바가 없다. 그런데 감사함도 없고 힘든 일이 있을 때마다 당연한 듯 나를 찾아와 돈을 빌리려 했다. 이렇게 감사함도 없고 갚겠다는 의지도 없는 요청은 불균형한 관계로서 결국은 서운함과 상처를 만들 수밖에 없다.

부부 사이에서도 남편이 돈을 잘 벌어다주는데 살림을 하는 부인이 식사도 안 챙겨준다면 그건 불균형이다. 친절하게 대하는 엄마를 보면서 아이가 성질을 낸다면 그것도 불균형이다. 그 아이는 성질을 내야 엄마가 뭔가를 해준다고 시스템화된 것이다. 그것을 자각하지 못하면 그 아이는 나이가 들어도 뭔가 필요할 때마다 화를 낼 것이다. 화를 내면 뭔가를 해준다고 생각했던 에너지가 고착되는 것이다. 그런데 '사랑해'를 받지 못하고 성질을 부리면서 화를 내는 상황으로 되받는다면 균형이 안 맞는 상태다.

스스로 부끄러움을 아는 것은 인간이 가진 가장 고급 기술이라고 한다. 자신을 들여다보며 부끄러운 줄도 알고 감사할 줄도 아는 사람이 좋은 사람이다. 아프고 힘든 사람들에 대한 연민 때문에 균형에 맞지 않는 관계를 맺으며 살아왔던 나는 반성했다. 결국엔 각자의 여정이라는 것을 깨달은 것이다. 아마도 할 만큼 했기 때문에 내가 거기서 벗어날 수 있었던 것 같다.

내가 돈에 대한 프로그램을 만든 것은 내가 바로 돈을 몰랐던 사람 중 하나였기 때문이고 어디에서도 명확하게 배울 수 없었던 답답함이 있었기 때문인 듯하다.

Key Action 03

삶의 불균형 상태 체크하기

삶의 불균형한 상태를 체크하고 이를 어떻게 해결할 것인지 해답을 고민해본다.

1단계 : 불균형한 삶의 사례를 통해 내 모습을 살펴보자.

다음 중 내게 해당되는 내용은 무엇인가?

- 멋진 자동차를 타고 싶어서 수입의 절반 이상을 차량 구입과 유지비로 지불한다.
- 수입에 비해 감당하기 어려운 큰 평수의 아파트를 구입하고 과도한 은행이자를 내고 있다.
- 해외여행을 가기 위해 수입에 비해 과도한 비용을 지출한다.
- 값비싼 명품을 구입하기 위해 매달 많은 비용을 지불한다.
- 자녀 교육을 위해 수입에 비해 과다한 교육비를 지출하고 있다.

2단계 : 다음의 질문에 깊이 생각하고 대답해보자.

• 당신의 돈은 원하는 만큼 당신과 함께하고 있는가?

  그렇다면 그 원인은 무엇인가, 아니라면 그 원인은 무엇인가?

• 당신의 연인은 당신이 원하는 대로 당신과 함께 하고 있는가?

  그렇다면 그 원인은 무엇인가, 아니라면 그 원인은 무엇인가?

• 당신은 원하는 대로 살고 있는가?

  그렇다면 그 원인은 무엇인가, 아니라면 그 원인은 무엇인가?

돈이 돈을 끌어오는
자동 물질 시스템

자동으로 돈이 나오는
물질 시스템

어떤 사람이 20년 동안 하루도 거르지 않고 꼬박꼬박 교회에 가서 기도를 했다. "하느님 저 돈 벌게 해주세요." 그런데 항상 기도는 여기에서 그쳤고 구체적으로 뭘 바라는지는 없었다. 하느님은 기다리다 기다리다 너무나 답답해서 그에게 나타나서는 "도대체 얼마?"라고 물었다는 우스갯소리가 있다.

'알아서 다 해주시겠지, 알아서 다 해주시겠지' 하고 막연하게 기도하거나 목표를 세우면 무슨 일인가 일어나도 안개 속을 경험하는 것 정도의 일밖에는 일어나지 않는다.

지구는 원대한 자력을 가진 자석이라고 한다. 자석은 모이면 모일수록 자력이 강해져 더 멀리에 있는 쇠붙이를 끌어온다. 지구에 사는 사람들도 지구와 같은 자력을 가지고 살아가고 있으며, 돈도 일정 수준 이상 모이면 돈 에너지의 파동이 강력해져 주변의 돈들을 끌어들인다.

강력한 자석의 주변에 가면 철의 성분이 자력을 가져 함께 자석이 되어간다. 마찬가지로 돈이 많은 사람의 주변에 가면 그 돈을 끌어올 수 있는 힘의 에너지가 나눠지기도 한다. 왜냐하면 진동은 그 힘이 모일 때 팽창하여 강력해지기 때문이다.

진동이 커지면 자체적인 고유 파동으로 움직이며, 그 진동수는 당신 삶에 일정한 파동으로 존재하며 함께하게 된다. 집에만 가면 우울해지는 사람은 집 에너지에 연결된 고유 진동이 마이너스 파동을 연결하기 때문이다. 그래서 부모들은 자식들이 밝고 좋은 파동을 가진 친구를 사귀기 바라는 것이다.

이 파동들은 장소나 정보에도 존재해서 사람과 연결될 수 있기 때문에 생각, 말, 행동 모두를 잘 정합해서 원하는 것들을 물질화해 끌어올 수 있다. 우리는 원하는 것에 맞는 정보를 수용하고 그에 맞는 사람을 만나고 그에 맞는 장소를 감으로써 훈련을 통해 원하는 고유 파동을 만들 수 있다.

시스템이 있는 사람은
돈을 위해 일하지 않는다

일반적으로 우리가 돈에 대해 마지막 목표로 원하는 것은 돈의 에너지가 자체적으로 돌아가서 매달 일하지 않아도 필요한 돈이 생기는 자동 물질 시스템이다. 그러면 돈을 벌기 위해 일하지 않아도 온전히 원하는 삶을 선택할 수 있기 때문이다. 사람들이 공무원을 직업으로 선호하는 이유는 퇴직 후에도 죽을 때까지 매달 나오는 연금을 통해서 생존과 생계가 보장되기 때문이다.

그처럼 사람들은 안정을 추구한다. 국민연금으로는 노후 보장이 불투명하기 때문에 재테크 전문가들도 수입에 대한 안정적인 설계를 위해 투자를 할 때 포트폴리오를 짜서 세 개로 나누라고 이야기한다. 부동산, 주식, 현금으로 유효적절한 분산투자를 권장한다. 아무리 확실하게 오를 수 있는 주식이 있어도 그들은 안정적인 것이 최선이라고 얘기한다. 그것은 돈이 우리의 안정을 깨지 않을 때 행복이 유지된다는 것을 과거 경험을 통해 알기 때문이다.

일하며 버는 돈과 관계없이 매달 나오는 돈이 있으면 우리는 안정적으로 살 수 있다. 물질의 공급원인 돈이 당신에게 매달 자동으로 주어질 때 우리의 자유로운 삶은 비로소 시작된다.

은지 씨가 '철밥통'이라 부르는 공무원을 때려치겠다고 하니 놀란 어머니가 나를 찾아와서 어느 쪽이 유리한지 따져봤다. 실제로 계산을 해보니 공무원으로 퇴직했을 때 100세까지 나오는 연금은 상당한 금액이었다. 그녀의 아버지 또한 공무원 출신이었기 때문에 연금도 나오고 있고, 그동안 임대수익이 나오는 시스템을 만들어놓았기 때문에 자식도 그렇게 안정적으로 살기를 원하셨을 것이다.

문제는 다른 포인트에 있었다. 부모님은 그런 안정성을 의도했기 때문에 에너지를 그쪽으로 쓸 수 있었던 것이고, 딸도 그렇게 에너지를 쓸 수 있는지는 다른 문제였던 것이다.

사람들은 흔히 건물을 재테크의 최고봉으로 여기곤 하는데, 그것은 건물이 생계 걱정 없이 안정적으로 돈이 들어오는 자동 물질 시스템이라 생각하기 때문이다.

에너지도 돌아가는 사이클을 가지면 자체 생명력을 가진다. 삼성이라는 회사가 아주 커지면 삼성 사장의 힘이 아니라 삼성 자체의 에너지가 생겨 그 생명력이 사장의 에너지보다 더 커진다. 이럴 때는 사장이 바뀌어도 회사가 문제없이 굴러갈 수 있다. 주식 투자를 할 때도 이런 회사를 고르면 성공할 확률이 높다. 그래서 사장이 공석이어도 돌아가는 회사를 고르면 장기투자를 해도 된다고 말한다.

돈을 벌어 일정 금액이 모이면 자동으로 돈이 나올 수 있는 시스템을 만드는 것이 중요하다. 다만 그 시스템을 돌리는 주인은 자신이어야 한다. 본인이 주인 역할을 할 때에 돈이 자동으로 나오는 시스템이 제대로 돌아간다. 어머니가 다 알아서 해주던 사람이라면 어머니가 돌아가시는 순간 그 시스템은 더 이상 자신의 것이 아니게 된다.

돈은 누가 벌까? 자동 물질 시스템은 누가 만들 수 있을까? 관심을 가지고 매달 수입이 나오는 시스템을 만들겠다는 사람이 만든다. 대답이 허무한가? 그렇지만 이건 진짜다. 대통령은 누가 될까? 대통령을 하겠다고 생각하는 사람이 된다. 그게 뭐가 됐든 '하겠다는 사람'이 하는 것이다. 자동 물질 시스템으로 사는 사람은 어떤 사람인가라고 묻는다면 그 정보를 듣고 그렇게 하겠다고 결정한 사람이다.

Key Action 04

어떤 자동 물질 시스템을 선택할 것인가

1단계 : 자동 물질 시스템 선택하기

다음 예시들을 참고해서 선택해보기 바란다.

- 연금 : 매달 받는 급여나 수익에서 일정 금액을 적립해놓았다가 일정 기간이 지난 후 지급받는 돈이다.
- 정부복지금 : 우리나라는 만 65세 이상이 되면 복지금을 받는다.
- 부동산 임대수익 : 주택, 오피스텔, 상가, 공장이나 창고 등을 임대해 주고 얻는 수익이다.
- 투자수익: 펀드, 국채 등 다양한 투자수익이 있다.
- 이자수익: 은행 등에 돈을 일정 기간 예치했을 때 생기는 수익이다.
- 배우자의 급여
- 자식들이 주는 생활비
- 신의 축복이 함께하는 행운 : 로또, 유산 등
- 아무것도 하지 않고 운에 맡긴다.

배우자의 급여, 자식들이 주는 생활비, 행운, 운에 맡긴다 등은 실현 가능성이 적기 때문에 배제하면 다섯 가지로 압축할 수 있다.

2단계 : 자동 물질 시스템을 확실히 가동하는 방법 찾기

다음 순서에 따라 자동 물질 시스템을 가동하는 방법을 찾아보자.

- 무엇을 통해 자동 물질 시스템을 가동할 것인가?
- 그것을 선택한 이유는 무엇인가?
- 그것을 위해 무엇을 해야 하는가?
- 그것에 방해되는 생각은 무엇인가?
- 실천하겠다는 결심과 행동하기

우주 최고의
주문은 '감사'

감사하지 못하면
에너지가 멈춰버린다

누군가 당신에게 호의를 베풀 때 '저사람 왜 저래?'라는 표정으로 빤히 쳐다본다면 그 사람은 다시는 당신에게 호의를 베풀지 않을 것이다. 어떤 이는 "감사해야 한다"는 말을 들으면 "감사할 것이 있어야 감사를 하지요"라고 발끈한다. 아마도 그는 부족함과 불만에 가득 차 온통 세상의 부정적 정보를 받아들이며 자신의 삶에서 마이너스 경험을 하며 살고 있을 것이다. 그렇다면 감사할 일들이 일어나지 않는 것은 당연하다.

아이가 "엄마, 나 5천 원이 필요해요" 했을 때 "알았어. 이거 써"

하고 줬는데 갑자기 왜 빨리 주지 않느냐며 도끼눈을 뜨고 쳐다본다면 다음부터 엄마는 돈을 주기 싫을 것이다.

그런데 "엄마~ 고맙습니다. 잘 쓸게요. 사랑해요~ 쪽" 이러면 더 주고 싶어질 것이다. 만약 지갑에서 돈을 찾고 있는데 "빨리 달라고 오~" 하면서 엄마 손에 쥔 5천 원을 낚아채면서 신경질을 낸다면 다음엔 주고 싶지 않을 것이다. 감사가 없으면 세상에서 전달되는 에너지가 멈춰버린다.

식당에 갔는데 주인이 있는 집은 "반찬 더 드릴까요?", "필요한 거 없으세요?" 하면서 손님을 잘 챙기며 에너지가 가득하다. 그런데 주인이 없는 집은 종업원이 물컵을 탁 내려놓으면서 "뭐 시킬 거예요?" 하며 영혼 없는 응대만 있으면 그 식당엔 다시 가고 싶지 않을 것이다. 감사가 없으면 에너지가 멈춰버리는 것이다.

감사도 습관이고
시스템이다

감사도 사실은 시스템이고 시냅스가 있어야 가능하다. 엄마는 맨날 "죽겠다"는 소리를 하고 아빠는 항상 욕하는 모습을 보며 자랐다면 감사가 나오지 않는 건 당연할지도 모른다. 그 상황에서는 시스템화되기가 너무 어렵다. 집에만 가면 팽팽한 기운이 느껴진다면 감사가 나올 리 없다. 어떻게든 도망가야 하고 어떻게든 자신을 보호해야 하는 상황이라면 감사 시스템은 만들어질 리 없고, 자신이 원하는 삶에 맞게 연결되기 어렵다. 그러나 안 된다면 연습을 통해서 시냅스를 만들고 자기 것으로 만들 수 있다.

우리의 뇌는 정보를 인식한 대로 저장하며 회로를 만들어서 자체적으로 힘을 발휘한다. 부정적인 정보를 받아들여 그것의 회로가 만들어지면 뇌의 정보를 저장하는 뉴런들은 그 정보를 계속해서 받아들여 강화시키고, 그 정보들은 시냅스의 길을 따라 하나의 군단이 된다. 그것은 계속해서 강력하게 작용하는데, 다른 정보들은 저장하지 않고 흘려보내면서 에너지 파동을 생성한다.

따라서 기존에 기억된 부정적 정보를 긍정적 정보로 변환시키는 것은 상당한 노력과 훈련이 필요한 일이다. 부정적 정보를 뇌에서 보다 빠르고 강력하게 인식하여 저장하는 것은 맹수 등 위험한 상황으로부터 자신을 지켜나가기 위해 원시 사회부터 진화된 생존 시스템이다.

인간의 뇌는 어떤 행동이 충분히 반복되면서 그 안에서 시냅스라는 회로가 형성되어야 저항을 일으키지 않고 받아들이게 되는데, 시냅스가 만들어지는 양상은 마치 뇌에서 길이 새겨지는 것과 같다. 시냅스는 성격상 한 방향으로만 정보가 연결되는데, 다음에도 비슷한 자극을 받으면 한 번 만들어진 회로 쪽으로 쉽게 연결이 된다. 예를 들어 우리가 어떤 상황에서 화를 내면, 화를 내는 방향으로 부정적 회로가 만들어지고 다음번에 자극이 올 때 더 쉽게 화를 내게 된다.

부정적 정보의 회로가 발달되면 발달될수록 부정적 인식이 강력해지므로, 자신의 삶이 '부정'에서 생을 마치게 될 수 있다는 것을 기억하라. 당신을 그 부정적 파동의 장에서 해방시킬 수 있는 방법은 당장 지금부터 감사를 인식하고 생활화하는 것이다. 뉴런이 정보를 받아들이는 힘을 감사로 전환시켜 감사의 시냅스가 강력하게 길을 연결할 수 있도록 실천하는 것이다.

지금 이 순간부터 보는 것, 듣는 것, 숨 쉬는 것부터 감사를 시작해보자. 감사가 습관이 되게 하자. 모든 물질이 당신을 위해 준비되었다는 것을 인식해보자. 감사에 대해 인식이 깊어지다 보면 어떤 상황에서도 오직 감사의 정보가 연결될 것이다. 그때가 되면 당신은 감사함을 애써 찾으려 하지 않아도 삶은 감사로 가득하게 될 것이다.

다만 감사의 시냅스가 회로를 만들기까지는 '감사할 것들을 찾겠다'는 지시어를 통해 길을 찾아가야 한다. 감사의 마음을 배우면서 반복적으로 훈련해 감사의 에너지 필드를 만들어야 한다. 교회에서 기도할 때도 뭔가 원하는 걸 이야기하기 전에 감사한 걸 먼저 이야기하라고 한다. 또 이루어진 것처럼 기도하라고도 한다. 진동은 만들 수 있다.

먼저 사소한 것부터 "감사합니다"라고 말해보자. 말도 안 되는 것 같지만 계속 그걸 연습하면 감사할 거리들이 보이기 시작한다. 감사에 주파수가 맞춰지는 것이다. 한 가지라도 진심으로 감사함을 느끼다 보면 어느 순간 감사함의 시냅스가 강화되며 감사의 에너지 파동과 진동이 감사를 경험할 상황으로 당신을 이끌 것이다.

감사함의 파동이 커지면 일시적, 조건적, 계산적 감사가 점차 무조건적, 지속적인 감사로 바뀌게 된다. 이러한 감사는 우리 삶에서 불평, 불만, 근심, 걱정의 파동을 멈추게 하고, 대신 무한한 긍정과 평화를 가져온다. 어떤 상황에서도 감사하는 훈련을 해보자. 온 마음이 감사함으로 가득 차서 감사가 삶 전체로 울려퍼질 것이다. 그렇게 되면 당신은 많은 감사를 경험하며 감사한 삶을 살아가게 될 것이다.

Key Action 05

감사한 삶 만들기

에너지를 계속 이어가기 위한 장치로서 감사는 최고의 주문이다. 우주 진동을 이어갈 수 있는 마지막 열쇠가 감사다. 감사함의 진동으로 긍정적 회로를 만드는 훈련을 해보자.

1단계 : 다음 항목에 대해 감사한 것을 각각 일곱 가지씩 적는다.

- 돈에 대해 감사한 것
- 가족에 감사한 것
- 자신의 일에 감사한 것
- 자신의 물건에 감사한 것
- 자신의 마음에 감사한 것
- 자신의 몸에 감사한 것
- 자신이 살고 있는 환경에 감사한 것
- 감사한 사람들

2단계 : 이것을 21일 동안 매일 말한다.

21일이 지나면 뇌의 시냅스가 강화되어 회로를 만들게 된다.

사랑과 감사가
넘치는 삶

내가 만든 여러 프로그램 중에 '머니 마인드 코스'를 책으로 내려고 원고를 썼다고 하니까 지인이 "도움이 될지 모르겠어요" 하면서 책을 한 권 선물했다. 미국 임상심리학자가 쓴 《부자가 되는 심리학》이라는 책이었는데, 내가 그동안 해왔던 프로그램과 흡사한 면이 많아서 놀랐다. 돈을 의인화한 것이라든지, 돈에 얽힌 인생의 특정한 사건에서 어떤 감정이 발생하고 자기방어 기제가 작동된다든지 하는 점들이 나의 이야기들과 맥락이 같아서 상당히 공감이 되었다. 세상이 모두 연결되어 있다는 걸 새삼 느끼는 순간이었다.

처음 인도에서의 제안을 계기로 돈에 관한 '머니 마인드 코스'를 진행하면서 "당신이 원하는 삶은 무엇인가" 묻다 보니 내가 원하는 것을 찾았듯이, 임상심리학자가 쓴 그 책을 보면서 이번에도 나만의 액션을 수행했다. '나에게 돈은 무엇인가' 적어보는 것이었다.

나에게 돈은 행복이고, 나에게 돈은 사랑이고, 나에게 돈은 자유다. 나에게 돈은 힘이고, 나에게 돈은 자존감이다. 돈은 나를 지킨다.

- 나에게 돈은 무엇인가?

  풍요, 창조, 사랑, 창의력, 멋진 삶, 에너지, 파워, 매력 발산, 빛, 기쁨, 나의 편안한 공간, 휴식, 책임, 지킴, 사랑, 보살핌
- 내가 원하는 돈은 무엇인가?

  따뜻함, 풍요, 존재감, 아름다움, 자유, 명상, 안정감, 휴식, 존귀함, 건강, 함께함

그리고 다음 질문들에 대해서도 적어보았다.
- 나는 한 달에 얼마를 벌고 싶은가?
- 나는 한 달에 얼마를 벌고 있는가?
- 나는 한 달에 얼마를 쓰고 있는가?
- 나는 한 달에 얼마를 투자하는가?
- 나는 한 달에 얼마를 다른 사람을 위해 쓰고 있는가?

돈을 많이 벌 수 없는 이유는 시스템을 이용하지 않고 혼자 다 해내려 하기 때문이다. 성급함으로 인해 투자에서 손실을 본다. 힘겨운 이들을 투자에 참여시켜 책임진다. 그들의 신념이 변하지 않으면 돈을 벌 수 없기 때문에 그것을 모두 자기 손실로 떠안게 된다.

- 어떻게 하면 벌 수 있는가?

다른 에너지장에서 다른 사람을 만난다.

- 그러기 위해 무엇을 해야 하는가?

  새로운 인간관계를 맺는다.

- 시스템은 어떻게 만들 것인가?

  전문가를 만나 그들의 영역에 맞는 일을 맡기고 수입을 나눈다.

- 투자를 위한 돈은 어떻게 마련할 것인가?

  강연, 그룹코칭, 저축

이 책을 다 읽고도 '그래도 돈을 밝히는 건 좀…'이라고 생각하는 사람이 있을까? 그러나 돈은 그냥 '돈'이다. 자신의 돈을 둘러싸고 있는 그림자를 걷어내어 돈을 온전한 내 것으로 만들면 무한한 긍정과 풍요로운 삶에 감사하며 살아갈 수 있다.

내가 진정 원하는 삶은 무엇인가? 내 안의 부족한 마음이 채워지게 되면 내 삶에 저절로 풍요가 넘칠 것이다. 공식을 알면 수학문제를 풀 수 있듯이 '부'에도 공식이 있다. 우리의 행복은 물질적 풍요와 마음의 조화다. 돈이란 우리가 원하는 삶을 살기 위한 삶의 연료와도 같다. 이 책을 통해 자신의 돈과의 진정한 화해가 시작되어 자신의 골든키를 찾아 행복과 풍요의 삶을 살게 되는 그 출발이 되길 바란다.

머니 파워 프로그램
Money Power

돈에 대한 부정적 패턴이 어디에서 시작되었는지 이해하고 액션을 통해 돈과의 진정한 화해가 시작된다. 부에 대한 핵심 키를 찾아 돈에 대한 화해, 연결, 확장, 창조를 통해 부의 잠재성을 깨워 자신이 원하는 삶을 창조한다.

5단계 프로세스

Key Action을 통해 '부'의 시냅스를 연결하고 '부'의 진동을 강화시킴으로써 자신의 골든키를 찾아 풍요와 행복을 만나는 것을 목적으로 한다.

1. 머니 마인드 코스	2. 머니 리셋 코스			3. 머니 매직 코스
1단계	2단계	3단계	4단계	5단계
돈의 패턴 인식	레벨 1 물질화해	레벨 2 물질연결	레벨 3 물질확장	물질창조
2일	2일	2일	2일	2일

I. 머니 마인드 코스

목표	돈에 대한 자신의 생각이 과거 정보의 유입에 의해 만들어졌다는 것을 인식하는 코스다. 자신의 돈에 대한 인식을 자신이 원하는 새로운 돈에 대한 신념으로 설정하여 돈과의 새로운 관계맺음을 시작한다.
기대효과	• 과거 정보의 유입을 통해 자신의 돈에 대한 신념이 형성되었음을 자각한다. • 돈에 대한 현재 자신의 생각 패턴이 어떻게 구성되었는지를 이해한다. • 키 액션을 통해 돈에 대한 부정적 패턴을 정리하고 자신이 원하는 새로운 설정하는 방법을 익힌다.
내용	Money Information_그 생각이 정말 내 생각인가 • 돈에 대해 당신이 보고 들은 것 • 돈에 대한 당신의 신념은 무엇인가 • 생각을 쓰면 목적이 강화된다 • 생각을 말하면 세상과 연결된다 • 돈에 관한 정보가 돈에 대한 신념을 만든다 • 생각의 그물에 어떤 신념이 걸려 있나

2. 머니 리셋 코스

자신의 부와 성공의 신념을 새롭게 세팅하는 코스다. 물질과의 관계, 그 사이의 장애 요소를 이해하고 정리한다. 물질과의 진정한 화해를 통해 부의 에너지를 연결하고 확장하여 자신이 원하는 삶을 계획하는 코스다.

레벨1 물질 화해	목표	내면여행을 통해 진정으로 원하는 것이 무엇인지를 찾고 돈과의 진정한 화해를 통해 돈과 새로운 관계를 맺는다.
	기대 효과	• 자신의 돈에 대한 그림자 신념을 정돈하고 돈과의 화해를 통해 긍정적인 관계맺음을 시작한다. • 돈에 대한 욕망과 저항을 이해하고 돈의 사이클을 인지하여 진정한 물질 풍요를 선택하게 된다.
	내용	Money Shadow_돈을 있는 그대로 보지 못하는 이유 • 괜찮다고 하면 진짜 괜찮은 줄 안다 • 돈에 관한 원한 • '부'를 원하는데 딴소리를 한다? • 없는데 있는 척, 있는데 없는 척 • 돈에 대한 욕망과 저항 • 돈의 사이클을 만들어 번영의 열매를 수확하라
레벨2 물질 연결	목표	돈과 운을 만드는 핵심키를 이해하고 자신이 원하는 풍요와 행복을 위해 '부'에너지와 연결하는 코스다. 다양한 키 액션을 통해서 여러 가지 훈련으로 돈과 연결하고 균형을 맞춘다.
	기대 효과	• 돈에 대한 자신의 핵심감정을 찾아보고 이를 정돈하여 돈에 대한 새로운 신념을 설계한다. • 돈과 새롭게 관계 맺기가 시작되고 돈에 대한 현실적 목표를 설정하여 실천한다. • 부의 공식을 이해하고 물질 에너지와 연결하여 자신의 삶에서 물질적 균형을 갖는다.
	내용	I Love Money_돈과 새로운 관계 맺기 • 스스로에게 정직하면 당당해진다 • 돈에 대한 진짜 감정은 무엇인가 • 돈을 의인화해 성격 부여하기 • 돈에게 화해의 편지 쓰기 • 돈과 운을 만들어내는 '부'의 공식 • 목표를 향해 에너지가 움직여라

레벨3 물질 확장	목표	자신이 진정 원하는 부를 끌어오는 훈련을 통해 돈에 대한 현실적 목표를 설정하여 이를 현실화시키는 과정이다.
	기대 효과	• 부의 시스템과 원리를 이해하고 부의 잠재성을 일깨워 자신이 원하는 부를 설정한다. • 돈에 대한 의도와 목표를 재정립하여 그것을 위해 무엇을 해야 하는지 현실적 훈련을 한다. • 돈에 대한 확장과 번영을 위한 감사훈련을 통해 부의 진동을 강화시킨다.
	내용	Thank you Money_원하는 만큼 어떻게 만들 것인가 • 수확까지의 식량은 남겨두고 씨앗을 뿌려라 • 풍요를 가져오는 씨앗 뿌리기 대원칙 • 돈과 사랑에 빠져라 • 돈과 삶의 균형을 맞춰라 • 돈이 돈을 끌어오는 자동 물질 시스템 • 우주 최고의 주문은 '감사'

3. 머니 매직 코스

목표	돈에 대한 시냅스 강화훈련을 통해 진정한 풍요의 주인이 되는 코스로 물질에 대한 근원적 변형을 위한 다양한 훈련으로 부 에너지가 실질적으로 체화된다. 돈에 대한 감각을 깨우고 부의 진동과 연결하여 진정한 부를 현실에서 창조하는 마법 같은 과정이다.
기대효과	• 부의 진동을 느끼고 그것과 하나되는 강화된 훈련을 통해 부를 창조한다. • 돈과 연결하는 시냅스 형성과 강력한 진동으로 부를 창조한다. • 현실과 이상 사이의 브릿지를 연결하여 현실에서 부의 주인으로 살아간다.

내용	Magic Money_돈의 창조
	• 물질창조의 진정한 주인되기
	• 물질의 파동강화훈련
	• 돈에 대한 시냅스 변형
	• 현실과 이상의 브릿지 연결
	• 돈의 진동과 연결
	• 신의 의식으로 상상하기
	• 축복 파동 만들기

4. 프로그램 참여 대상

- 돈운이 좋아지고 싶은 사람, 부자가 되고 싶은 사람
- 돈을 잘 벌고 싶은 사람
- 돈에 원한 맺힌 사람
- 돈 때문에 억울하고 화가 난 사람
- 돈이 모이지 않는 사람
- 부자들은 나쁘다고 생각하는 사람
- 돈과 연결감이 없는 사람
- 돈을 좋아하면 속물이라고 생각하는 사람
- 자신은 돈을 모른다고 생각하는 사람
- 금수저가 부럽고 자신의 흙수저가 원망스러운 사람
- 잘살고 싶지만 막연한 사람
- 자신의 돈을 잘 지키지 못하는 사람
- 돈을 주기만 하고 받지는 못하는 사람
- 돈을 벌지만 다른 사람들이 다 쓰는 사람
- 돈 때문에 인간관계가 틀어진 사람
- 부에 대해서 현실이 불공평하다고 생각하는 사람

5. 참여 후기 모음

L○○(공무원) : 돈에 에너지가 있다니! 돈의 시스템이 있고, 돈의 사이클이 있다니! 돈에 성격이 있다니! 돈을 전혀 모르고 살았음을, 돈을 함부로 대하고 함부로 사용했음을 깨달았다. 이제 돈과의 화해를 통해서 나는 진정 풍요의 주인으로 살아가겠다고 다짐해본다.

R○○(한의사) : 돈을 밝히면 왠지 안 좋을 것 같다는 스스로의 속박감이 있었다. 환자들에게 돈 이야기를 꺼내는 것이 상당히 거북했는데 코스에 참여한 이후 그게 아니라는 생각이 들었다. 최선을 다해 진료해주고 이에 대한 대가를 즐겁게 받는 쪽으로 바뀌었다. 한의원의 매출도 개업 이후 가장 크게 오르고 있다.

Y○○(회사원) : 돈을 원하면서도 원하는 만큼 갖지 못하니까 '괜찮다'고 물러서기만 하던 내 모습을 발견했다. 그러나 이제는 자신감과 확신이 생겼고 현실에서도 행동적인 변화가 생겼다. 생각의 전환과 함께 삶이 바뀔 수 있는 강력한 코스다.

K○○(학원장) : 나는 내 돈을 지키지 못해서 돈에 대한 원한이 많았던 사람이다. 그러나 이제 돈은 나의 행복을 위한 고마운 도구임을 알게 되었다. 사업에 대한 여러 희망이 생기고 돈을 벌 수 있는 사업, 부업 등의 구체적인 아이디어들이 생겨났다.

J○○(대학강사) : 돈에 대한 상처와 부정적 패턴들 때문에 내가 돈을 벌지 못했다는 사실을 깨달았다. 삶의 목표를 설계하는 의미 있고 강력한 코스였다.

P○○(1인기업가) : 돈을 벌고 싶었지만 막막했다. 그동안 돈을 너무 함부로 대했던 나를 반성하고, 이제는 돈을 사랑하게 되었다. 돈은 나에게 친구 같은 존재이며, 늘 함께할 것이다.

K○○(사업가) : 돈과 진정으로 화해하고 연결하면서 기대하지 않았던 사업 파트너를 만났다. 상하이와 칭다오에 사업 확장을 위해 출장을 가기로 했는데, 대박 예감이 든다.

R○○(자영업자) : 돈의 시스템을 이해하고 돈과 진정한 화해를 한 뒤 지난 금요일 역대 최고의 매출을 기록했다.

H○○(상담가) : 속이 후련하다. 돈에 대한 개운하지 못한 마음, 불분명한 태도, 필요하고 좋아하지만 불안해하고 두려웠던 마음들이 편안해졌다. 시간이 짧게 느껴질 정도로 알차고 즐거운 시간이었다. 생생한 체험을 통해 일상에서도 늘 긍정을 지지하는 훈련이 되었다.

K○○(디자이너) : 돈에 대한 새로운 긍정적인 관념을 체화시키는 즐겁고 흥분되고 설레는 과정이었다. 낡은 관념을 지우는 과정도 좋았고, 새로운 돈의 시스템을 배우는 과정은 신나는 작업이었다. 멋진 분^^ 바로님과 함께한 감사한 시간이었다.

K○○(연구원) : 돈을 사랑하는 나와 나를 사랑하는 돈을 인정하고 받아들일 수 있었다. 돈에 대한 나의 이중감정들과 개념들이 말끔히 정리되었을 뿐 아니라 새롭게 리셋할 수 있는 시간이었다.

H○○(사업가) : 물질을 통해서 과거를 되돌아보며 그동안 무엇이 잘못되고 있었는지 알게 되었고 실질적 체험과 그룹코칭을 통해서 내 의식과 에너지의 변화를 체험하게 되었다. 10년 후에는 한국을 대표하는 부자회의에서 여러분을 볼 수 있을 것 같다.

S○○(주부) : 돈과 화해할 수 있는 시간이었다. 왜 자꾸 내 돈을 지키지 못하는 비슷한 상황이 반복되는지 알 수 있었다. 서먹한 친구와 화해를 한 것처럼 속이 후련하고 기뻤다. 그리고 이런 과거 패턴에서 벗어나 원하는 삶을 살아갈 수 있다는 확신이 들었다. 앞으로의 삶이 기대된다.

K○○(프리랜서) : 나는 내가 돈 복이 있는 사람이라고는 생각했지만 그동안 돈을 하찮게 대했었다. 이 코스를 통해 내 돈에 '애인'라는 애칭도 붙여줄 만큼 이젠 내 옆에서 떠나지 않을 소중한 녀석이 되었다. 삶에 있어서 큰 변화의 열쇠가 되어준 시간들에 감사하다.

K○○(법조인) : '내가 생각보다 돈에 대해 부정적인 감정을 실어놓고 살았구나'라는 점을 깨달았다. 이 세상을 살아가는 데 가장 중요한 수단인데도, 나는 물질적 풍요보다 정신적 풍요가 더 중요하다고 생각했는데 의식이 전환되는 감사한 시간이었다.

저자 공개 강연
매월 1회

Contact US

카페 : https://cafe.naver.com/goldenkeymind

전화번호 : 02-794-8823~4

카카오톡 : 골든키마인드센터
카카오톡 친구검색에서 '골든키마인드센터' 검색 후 친구추가(플러스친구 무료상담)

전국민
1인 1토지
프로젝트

난생처음 토지 투자

이라희 지음 | 18,000원

**대한민국 제1호 '토지 투자 에이전트',
1,000% 수익률을 달성한
토지 투자 전문가 이라희 소장의 땅테크 노하우**

초저금리 시대, 땅테크가 최고의 재테크 수단으로 떠오르고 있는 지금,
전국민이 '1인 1토지'를 가져 재테크에 성공할 수 있도록 누구나 쉽게 실
천할 수 있는 실전 노하우를 담았다. 재테크를 전혀 해보지 않은 초보자
도 이해할 수 있도록 개발 지역 확인하는 법을 알려주고, 초보자가 꼭 봐
야 할 토지 투자 관련 사이트, 용지지역 확인하는 법 등 실질적인 노하우
를 공개한다. 나의 자금대에 맞는 토지 투자법, 3~5년 안에 3~5배 수익
을 내는 법 등 쉽고 안전한 토지 투자 방법을 담아내 누구나 '1,000만 원
으로 시작해 100억 부자'가 될 수 있다.

경매의 신
임경민의
경매 노하우

난생처음 10배 경매

임경민 지음 | 18,000원

**가장 빠르고 확실하게 부자 되는 방법
안전하고 확실한 '10배 경매 6단계 매직 사이클'
과장된 무용담이 아닌 100% 리얼 성공 사례 수록!**

경매가 무엇인지 개념 정리부터 경매의 6단계 사이클을 토대로 경매물
건 보는 법, 10초 만에 권리분석하는 법 등 경매 고수가 알아야 할 기술
을 알려준다. 특히 실제로 경매를 통해 수익을 올린 사례를 실투자금, 예
상 수익, 등기부등본과 함께 실어서 경매가 얼마나 확실하고 안전한 수
익을 올릴 수 있는지 증명했다. 경매는 결코 어렵고 위험한 것이 아니다.
큰돈이 있어야만 할 수 있는 것도 아니다. 투자금액의 몇 배를, 빠른 기간
에 회수할 수 있는 훌륭한 재테크 수단이다. 경매는 부자로 태어나지 못
한 사람이 부자가 되는 가장 빠르고 확실한 방법이다.

5할 타율
유지하는 안전한
주식투자법!

난생처음 주식투자

이재웅 지음 | 13,800원

'판단력'만 있으면 주식 투자 절대 실패하지 않는다!
차트보다 정확한 기업 분석으로 적금처럼 쌓이는 주식 투자법!

쪽박에 쪽박을 거듭하던 저자가 전문 주식 투자자가 되기까지! 저자가 터득한 가장 효과적인 공부법과 이를 바탕으로 실전에서 활용할 수 있는 효과적인 투자 노하우를 담은 책이다. 1장에는 저자의 생생한 투자 실패담과 많은 주식 투자자들이 실패하는 이유에 대해, 2장에는 주식 투자에 밑바탕이 되는 기본 지식 공부법과 습관에 대해 설명한다. 그리고 3장부터 본격적으로 주식 투자에 필요한 용어 설명, 공시 보는 법, 손익계산서 계산법, 재무제표 분석법, 사업계획서 읽는 법, 기업의 적정 주가 구하는 법 등 투자에 필요한 실질적인 노하우를 6장까지 소개하고 있다. 마지막 부록에는 저자가 실제 투자를 위해 분석한 기업 7곳의 투자노트가 담겨 있다.

플랫폼 구축
트레이닝 시트
수록

노마드 비즈니스맨

이승준 지음 | 15,000원

경쟁하지 않고 이기는 최고의 전략,
시간을 팔아서 돈을 벌지 말고,
나 대신 돈을 벌어줄 플랫폼을 구축하라!

다들 돈과 시간에서 자유로운 삶을 꿈꾼다. 하지만 이는 희망사항일 뿐 연봉은 적게 받고 일은 더 많이 하는 게 현실이다. 이 책은 직장 생활을 하지 않아도 충분한 돈을 벌고 자신이 원하는 삶을 살아가는 방법, 즉 '노마드 비즈니스맨'이 되는 방법을 알려준다. 7년간 노마드 비즈니스로 일하며 일주일에 3~4시간 일하고 월 1억 원 이상을 버는 저자가 네이버 카페, 책, 유튜브, 카카오스토리, 페이스북 등 다양한 SNS를 통해 노마드 비즈니스를 실천할 수 있는 구체적인 방법을 소개한다. 또한 독자 개인의 성향에 맞는 노마드 비즈니스를 찾을 수 있도록 안내해준다.